MW01230446

LE TRESOR

DES PIECES RARES OU INEDITES

PROCES

DE

FRANCOIS RAVAILLAC

Tiré à 400 exemplaires

350 sur papier vergé;
12 sur papier de couleur;
10 sur papier vélin;
6 sur papier de Chine;
2 sur peau de vélin.

Tous droits réservés.

Imp. nº chez AUGUSTE HÉRISSEY, à Évreux.

FRANCISCVS RAVAILLART DE ANGOVLEME. HENRICI IIII FRANCORVM REGIS PARRACIDA SICARIORV CORYPHÆ.

Heu scelus! heu monstrum! tantum qui cædere Regem
Ausus es ante quis cernere sustineat.

PROCES

DU

TRES MESCHANT ET DETESTABLE PARRICIDE

FR. RAVAILLAC

NATIF D'ANGOULESME

PUBLIE POUR LA PREMIERE FOIS SUR DES MANUSCRITS DU TEMPS

FONDS
LE SEINE
N° 14341

A PARIS

CHEZ AUGUSTE AUBRY

L'un des libraires de la Société des Bibliophiles français

RUE DAUPHINE, 16

M DCCC LXII

ECI n'est point un livre : le hasard nous ayant fait tomber sous les yeux quelques documents manuscrits relatifs à l'abominable attentat qui priva la France d'un de ses plus grands Rois, nous y trouvâmes quelques leçons s'éloignant des textes imprimés et contenant le récit de ce grand événement, qui nous parurent mériter d'être relevées. Plus tard, en examinant quelques papiers provenant du Sr Joly de Fleury, ancien Procureur Général au Parlement, nous eûmes le bonheur de rencontrer un mince manuscrit, d'une fine écriture évidemment contemporaine, contenant le procès-verbal détaillé des interrogatoires faits par le Premier Président Achilles de Harlay et des réponses de l'accusé. Ce texte, bien qu'à peu près identique avec celui qui fut publié dès l'année 1611 dans le *Mercure françois* (1), et réimprimé plus tard dans les *Mémoires de Condé* (2), offrait néanmoins quelques variantes d'une certaine importance.

Ce fut alors seulement que nous nous déterminâmes à publier tous ces documents, dont l'ensemble acquiert une certaine valeur, et pourra, nous l'espérons, offrir quelque intérêt.

Nous les donnons en suivant l'ordre chronologique des faits auxquels ils se rattachent,

---

(1) *Le Mercure François, ou Suite de l'histoire de la paix, commençant à l'année 1605.* Paris, 1611-1643. 25 vol. in-8°. — Ce recueil, qui fait suite à la *Chronologie novenaire et septenaire* de Palma Cayet, fut rédigé jusqu'en 1635 par J. et Est. Richer ; de 1635 à 1643 par Eus. Renaudot.

Il avait déjà paru en 1610 une brochure in-8° portant le titre de : *Procès, examen, confessions et négations du meschant et exécrable parricide François Ravaillac, sur la mort de Henry-le-Grand*, brochure qui s'enleva si vite qu'une seconde édition en fut faite dès l'année suivante : mais le texte qu'elle présente est inexact et incomplet.

(2) *Mémoires de Condé.* Paris, 1743-45. 6 vol. in-4°.

sans indication de leurs diverses origines, mais, au contraire, en les enchaînant l'un à l'autre de manière à présenter un historique aussi complet que possible de ce grave événement politique, depuis le 14 mai, date de l'attentat, jusqu'au 27, date de l'expiation.

Nous avons soigneusement respecté l'orthographe des différents textes, mais en ayant soin de rétablir celle des noms propres qui se trouvait altérée.

Le récit de la mort de Henri IV, dont nous avons cru devoir faire précéder le procès, est emprunté au *Mercure françois* de 1611, dont la narration contemporaine nous a paru offrir toutes les garanties désirables d'exactitude et d'impartialité.

Enfin, et nous le répétons, nous n'avons point eu la prétention de faire un livre d'histoire, mais seulement de réunir et de mettre en lumière certains matériaux qui pourront être mis en œuvre par les historiens.

P. D.

E Roy estoit résolu de partir deux iours après l'entrée de la Royne à Paris (1), pour aller trouuer son armée sur la frontière; mesmes sur l'aduis qu'il eut que Sa Saincteté luy enuoyoit vn Nonce extraordinaire, il luy manda qu'il ne prist la peine de venir à Paris, ains qu'il s'en allât à Mouzon, où il se rendroit dans le vingtiesme de ce mois; et sur vn rapport que Spinola, Lieutenant des Archiducs, se vantoit de leur empescher le passage auec trente mille hommes, et de luy doñer bataille, il essaya sa cotte d'armes de velours pers toute semée de fleurs de lys en broderie d'or de la grandeur

---

(1) Le lendemain de l'entrée de la Reyne, le Roy deuoit faire le mariage de mademoiselle de Vandosme, l'aisnée de ses filles naturelles, et le jour ensuivant le festin; puis le lendemain monter à cheval pour aller à son armée : mais la veille de l'entrée, qui étoit un vendredy, etc. (MÉZERAY, t. VI, p. 387.)

d'vn sol, qu'il auoit faict faire exprès pour s'en pa-
rer au jour d'vne bataille : *Nous verrons*, dit-il,
s'il sera homme de parole. Sur ce, vn seigneur luy
dit que Spinola estoit Genevois : *Il est vray,* repli-
qua-t-il, *mais il est soldat*.........................
....

Entre trois et quatre heures de releuée, il saute
en son carrosse à l'entrée de la cour du Louure et
se met au fonds; il faict entrer dedans les Ducs
d'Espernon et Montbazon, Roquelaure, et trois
aultres, deffendant à ses gardes de le suivre. Quel
malheur ! car un maudict Rauaillac (qui, selon ce
qu'il a respondu en ses interrogatoires, auoit dès
longtemps prémédité de l'assassiner), le regardant
sauter dans le carrosse, le suiuit iusques en la ruë
de la Ferronnerie, deuant le cimetière des Inno-
cents, où voyant le carrosse arresté par des charettes, Sa Maiesté au fonds, tournant le visage, et
penché du costé de monsieur d'Espernon, ce monstre
animé du diable, sans respect de l'onction sacrée
dont Dieu honore les Roys, ses lieutenans en terre,
se iette sur Sa Maiesté, et passant son bras au-
dessus de la roüe du carrosse, luy donna deux coups
de cousteau dans le corps, et estendit tout roide
mort ce grand Roy, au milieu de ses plus valeureux
et fidelles capitaines.

Il donna ces deux coups si promptement qu'ils
furent plustot receus que veus ; le premier, porté
entre la cinquiesme et sixiesme coste, perça la

veine intérieure vers l'oreille du cœur et paruint iusques à la veine caue qui, se trouuant coupée, fist à l'instant perdre la parole et la vie à ce grand monarque; quant au second, il ne penetra pas auant, et n'effleura guères que la peau (1).

Personne n'auoit veu frapper le Roy, et si ce parricide eust jeté son cousteau, on n'eust sceu qui c'eust esté; mais il ne le peut iamais lascher. Les six seigneurs qui estoient dans le carrosse en descendirent incontinent, les vns s'empeschant à se saisir du parricide, et les aultres autour du Roy; mais vn d'entr'eulx voyant qu'il ne parloit point, et que le sang lui sortoit par la bouche, s'escria : *Le Roy est mort !* A ceste parole, il se fict un grand tumulte, et le peuple qui estoit dans les ruës se iettoit dans les boutiques les plus proches les vns sur les aultres, auec pareille frayeur que si la ville eust esté prise d'ennemis; vn des seigneurs soudain s'aduisa de dire que le Roy n'estoit que blessé, et qu'il lui auoit pris vne faiblesse; on demande du vin, et tandis que quelques habitants se diligentent d'en aller quérir, on abat les portières du carrosse, et dict-on au peuple que le Roy n'estoit que

_____

(1) Suivant Péréfixe, Mézeray et quelques autres historiens, *le premier coup de cousteau glissa entre les deux premières costes et n'entra pas dans le corps; mais le second luy coupa l'artère veneuse au dessus de l'oreille gauche du cœur; si bien que le sang en sortant avec impétuosité l'etouffa en un moment, sans qu'il pust proférer aucune parole.*

blessé, et qu'ils le remenoient vistement au Louure pour le faire panser.

La Royne receust dans son cabinet cette triste nouuelle, et toute esmeuë en sortit incontinent pour aller voir celuy qu'elle honoroit le plus en ce monde priué de vie : mais M. le Chancelier, qui estoit lors au conseil, où pareil aduis estoit venu, estant monté vers elle, la rencontra à la sortie et l'arresta ; elle, dès qu'elle le veit, luy dict : *Hélas ! le Roy est mort !* Luy, sans faire semblant d'aulcune esmotion, répartit : *Vostre Maiesté m'excusera, les Roys ne meurent point en France.* Puis l'ayant priée de rentrer dans son cabinet, il lui dict : *Il faut regarder que nos pleurs ne rendent nos affaires déplorables, il les faut réseruer à vn aultre temps. Il y en a qui pleurent et pour vous et pour eulx ; c'est à Vostre Maiesté de trauailler pour eulx et pour nous. Nous auons besoin de remèdes et non de larmes.*

Le sieur de Vitry, Capitaine des Gardes, eust aussitost commandement d'assembler tous les enfants du feu Roy en vne chambre, et entr'aultres le Roy à présent régnant Louis XIIIe, son fils aisné (lequel s'estant exercé à tirer des armes, estoit sorty du Louure dans un carrosse peu après son père), et que personne n'eust à approcher d'eulx.

Mrs les Ducs de Guise et d'Espernon eurent charge de monter et faire monter à cheual le plus de noblesse qui se pourroit, et aller par toute la ville dire que le Roy n'estoit que blessé ; et empescher toute assemblée et esmotion. Chacun est tesmoin du fidelle deuoir qu'ils rendirent en ceste iournée à la couronne.

Le Duc de Sully, sur le bruit que le Roy estoit mort, puis blessé, s'achemina vers le Louure ; mais aïant receu en chemin nouuelle asseurée de la mort, s'en retourna à l'Arsenal, pour donner ordre à la Bastille, l'vne des places la plus importante qui soit en France auiourdhuy.

Le sieur le Iay, Lieutenant Ciuil, et le sieur Sanguin, Preuost des Marchands, se rendirent incontinent au Louure, où ils receurent le commandement de faire fermer les portes de la ville, s'emparer des clefs, se faire suiure de leurs officiers, et empescher toute esmotion ; ce qu'ils exécutèrent promptement, et cheminant en diuerses troupes par la ville, fort assistez de la noblesse, asseuroient à haute voix le peuple que la blesseure n'estoit rien.

Les compagnies des gardes qui estoient aux faulxbourgs furent incontinent mandées ; mais courant confusément tous armez vers le Louure, cela fust cause que le peuple creut le mal estre plus grand qu'on ne leur faisoit (1).

Chacun en parloit par où il en pensoit : la pluspart d'vne mesme voix disoient, que ce coup pro-

---

(1) Pouvait-il être plus grand ?

cédoit de ceulx qui auoient en plaine paix desbau-
ché le Mareschal de Biron ; d'aultres qu'il venoit de
la mesme instruction qu'auoit euë Jean Chastel et
Pierre Barrière, et sans l'ordre cy-dessus donné, il
y eust eu du danger pour quelques ambassadeurs
des Princes suspects d'estre ennemis de la France.

Il est impossible de pouuoir exprimer la tristesse
qui saisit vn chacun en vn instant (1) ; car à ce
premier mot qui fust crié : *Le Roy est mort !* ceste
voix passa comme vn esclair par toute la ville ; on
ne voyoit que fermer portes et boutiques, on n'entendoit que clameurs et gémissements ; les hommes
de toutes qualitez, la larme à l'œil, s'entredeman-
doient : *que deviendrons-nous ?* et aulcuns disoient :
*les maux que nous auons eus, dont ce prince nous
a retirez, n'auront point de comparaison auec ceulx
que nous aurons après sa mort ;* d'aultres en leur
silence portoient leur tristesse assez dépeinte en
leur face ; les femmes avec esclamation, les mains
ioinctes, s'entredisoient les vnes aux aultres : *nous
sommes perdus, le Roy est mort ;* les petits enfans
esbays de l'estonnement de leurs pères et mères

---

(1) Alors le premier médecin (*Milon*) cria : *Ha! ç'en est faict,
il est passé!* M. le Grand en arrivant se mit à genouil à la ruëlle
du lit, et lui tenoit une main, qu'il baisoit : et moi je m'étois
jetté à ses pieds, que je tenois embrassez, pleurant amèrement.
M. de Guise arriva lors aussi, qui le vint embrasser.... (*Mémoires
de Bassompierre.*)

ploroient aussi ; et ceulx qui absents de leurs mai-
sons estoient venus de dehors pour veoir l'entrée,
se trouuèrent en vne merueilleuse perplexité.

Sur l'aduis que l'on donna à Mʳ le Premier Président de la mort du Roy, il fist incontinent assembler toutes les Chambres et rendit un premier arrest pour faire déclarer la Royne, mère du Roy,
Régente de France, ce qui fust confirmé par vn second arrest rendu le lendemain par le Roy, séant
en son lit de iustice, assisté des Princes du sang,
aultres Princes, Prélats, Ducs, Pairs et Officiers de
la couronne, sur la réquisition du Procureur Général.

Quand ces mesures, nécessaires pour asseurer
la couronne au ieune Roy et arrester les tumultes
qui commençoient déià à se former dans toutes les
villes et places fortes du royaume eurent esté prises,
la Royne Mère, Régente, ordonna qu'il seroit procédé à l'instruction du procès de Rauaillac, et pour
cet effect elle enuoya à l'hostel de Retz les Sʳˢ Président Jeannin, de Loménie, Secrétaire d'Estat, et
de Bullion, Conseiller d'Estat, pour interroger ce
malheureux coulpable.

INSTRUCTION

Du Procès, faicte par les Srs Président JEANNIN, DE LOMÉNIE, Secrétaire d'Estat, et DE BULLION, Conseiller d'Estat.

u vendredy, quatorziesme iour de may, mil six cent dix, à Paris, au logis de l'hostel de Retz, près le Louure.

Le serment de luy prins :

A dict auoir nom François Rauaillac, âgé de 32 ans, demeurant en la ville d'Angoulesme.

Qu'elle est sa profession ?

A dict qu'il monstre aux enfans à prier Dieu en la religion Catholique, Apostolique et Romaine.

Depuis quel temps il est en ceste ville ?

Dict qu'il y a quinze iours ou trois sepmaines, et est logé au faulbourg Sainct-Iacques, aux Cinq

Croix (1), *où il a tousiours demouré, fors que deux
ou trois iours après, estant arriué en ladicte hostellerie, il s'en alla pour deux ou trois iours loger
au faulbourg Sainct-Honoré, à l'enseigne des Trois
Pigeons, deuant l'Eglise Sainct-Roch.*

Enquis si pendant qu'il a esté audict logis, il n'a
hanté ni fréquenté auec quelques personnes et qui
ils sont?

Dict n'auoir hanté personne.

Enquis pourquoy il estoit venu en ceste ville?

*Dict qu'il y est venu pour poursuiure vn procès,
qu'il a au Parlement contre les acquéreurs des
biens de Geoffroy Phyar, lequel procès a esté iugé,
il y a longtemps, au rapport de Mr Sanguin, conseiller au Parlement, et estoit à Paris à faire taxer
les despens.*

Quelle estoit la nature de ce procès?

*Dict qu'il auoit esté poursuiui pour vne accusa-
tion de meurtre, dont il estoit innocent, et que Sanguin, conseiller au Parlement, auoit esté rapporteur
de son procès.*

Mr de Bullion, conseiller, luy disant sur ce subiect
que c'eust esté un grand bien pour la France et
pour luy s'il eust esté puny de ce moment là, parce
qu'il n'auroit pas attenté sur l'oing du Seigneur, et
donné la mort à un Roy très-Chrestien :

---

(1) *Aux Cinq Croissans, ainsi qu'il le desclara plus tard;
enseigne qui convient mieulx à un tel mescréant.*(Ms. du temps.)

Il répéta le mot de très-Chrestien *en* ricanant, *et répondit que c'estoit la question de scauoir s'il estoit véritablement Roy très-Chrestien, car s'il eust esté tel, comme on le supposoit, il eust fait la guerre aux sectateurs de la religion prétendue réformée qu'il protégeoit.*

Comme on luy dict que le coup qu'il auoit donné au Roy n'estoit pas mortel :

Il respondict qu'il scauoit bien qu'il estoit mort, veu le sang qu'il auoit veu à son cousteau, et l'endroit où il l'auoit frappé ; mais qu'il n'auoit point de regret de mourir, puisque son entreprinse estoit venuë à effect.

Enquis, s'il estoit vray que le Roy fust mort, ce qu'il pensoit deuenir ?

Il respondict assez fièrement qu'il ne vouloit point de pitié, et que si le coup estoit à faire, il le feroit encore.

Enquis s'il a iamais receu quelqu'oultrage du Roy, luy ou ses parens, et qui l'a meu d'entreprendre un acte si meschant que de le vouloir tuer ?

Dict qu'il n'a receu, ne luy ny les siens aulcun oultrage de Sa Maiesté, qu'il n'a esté aussy meu, ny induict par personne pour entreprendre cet attentat, mais l'a faict par vne mauaise et diabolique tentation et que venant en ceste ville, oultre ce que l'occasion de son voïage estoit pour faire faire la taxe de ses despens, c'estoit aussy son intention d'attenter contre Sa Maiesté.

Qu'il n'est vraysemblable que, aïant esté tenté de sy long-temps, s'il eust eù recours à Dieu, qu'il ne luy eust osté ceste mauuaise voulonté, et qu'il y a apparence qu'il l'aît faict à la poursuite et sollicitation de quelques-vns :

Dict que non, et que ses tentations, quand elles luy estoient faictes, quelquefois il y adhéroit, quelquefois non.

A quelle heure il est sorty auiourd'huy de son logis, où il a esté, et qui a parlé à luy :

Dict estre sorty de son logis entre six et sept heures; qu'il estoit seul et s'en est allé à l'église Saint-Benoist, où il a ouy messe; que personne n'a parlé à luy, ny par les chemins, ny audict lieu; et qu'aïant ouy la messe, il s'en est retourné à son logis, où il a disné auec l'hoste et vn ieune homme de ceste ville, nommé Colletet, qu'il dict estre marchand.

Enquis s'il cognoist ledict Colletet :

Dict n'auoir aultre cognoissance dudict Colletet, sinon depuis qu'il a logé audict logis, où ledict Colletet vint loger deux ou trois iours, après que luy déposant y feust arriué.

Enquis où il a apprins à lire et escrire, et quels sont les maistres qui l'ont enseigné, puisqu'il dict qu'il faict profession d'apprendre à lire, escrire et prier Dieu aux enfants :

Dict qu'il y a plus de vingt ans qu'il n'a eu maistre pour l'enseigner, et qu'auant ledict temps,

*il y a eu deux prebstres, sous lesquels il a apprins
à lire et escrire.*

Enquis s'il est marié :

A dict qu'il ne le fust onc.

Admonesté par plusieurs fois de considérer combien est meschant l'attentat qu'il a voulu faire (1)
et qu'il doit espérer de la miséricorde de Dieu qui
est vivant, qu'il esuitera la punition et sauuera son
âme en disant la vérité :

*A dict ne scauoir aultre chose, que ce qu'il a dict
cy-dessus, et qu'il n'a esté induict par personne à
commettre ce qu'il a faict; bien confesse-t-il que
c'est luy qui a blessé le Roy d'un cousteau, qu'il
desroba il y a dix ou douze iours en vne hostellerie, proche les Quinze-Vingt, où il entra pensant
y loger, mais on ne l'y voulust recevoir, et qu'il
desroba ledict cousteau en intention de tuer le Roy.*

S'il estoit venu d'aultrefois au Louure ou en aultre
lieu, pour y trouuer le Roy et commettre ledict
acte :

*Dict qu'il y estoit venu deux aultres fois, scauoir
à la Pentecoste dernière, et depuis à Noël dernier,
mais que ce n'estoit pas en intention de faire ce
mauuais acte, mais que c'estoit pour parler au*

---

(1) On laissait toujours l'inculpé dans l'incertitude de la vie ou
de la mort du Roi.

*Roy et l'induire à faire la guerre à ceulx de la reli-
gion prétendue réformée.*

Sur ce que l'on a trouué entre ses hardes quelques papiers, mesmes un contenant des stances en
rithmes françoises, pour dire par un criminel que
l'on mène au supplice, à la mort, a esté requis si
c'est luy qui a faict lesdictes stances et si c'estoit
pour luy mesme qu'il les faisoit :

*A dict qu'il ne les auoit pas faictes, mais qu'elles
luy furent données, il y a enuiron six mois, en la
ville d'Angoulesme, par un nommé Pierre Bertheau,
habitant de ladicte ville, pour veoir si elles estoient
bien faictes, d'aultant que ledict déposant se mesle
de poësie, ledict Bertheau luy aïant dict qu'il les
auoit faictes sur le subiect d'un homme que l'on
menoit au supplice, que ledict déposant auoit prins
et mis en poche.*

Remonstré que s'il craignoit la vengeance de
Dieu viuant, il deuoit dire la vérité et réuéler qui
sont ceulx qui l'ont meu à cest attentat :

*A dict que ce sont les sermons qu'il a ouys, aux-
quels il a apprins les causes pour lesquelles il estoit nécessaire de tuer un roy* (1).

---

(1) Aussy sur la question, s'il estoit loisible de tuer un tyran,
il en sçauoit toutes les deffaictes et distinctions et estoit aysé de
recognoistre qu'il auoit esté soigneusement instruit en ceste ma-
tière, car en tout aultre poinct de théologie, il estoit ignorant et
meschant, tantost disant une chose et puis la niant. (*Procès du
parricide François Rauaillac. Paris, 1610, In-8°.*)

Enquis sur ce qu'il dict auoir voulu parler au
Roy pour l'induire à faire la guerre à ceulx de la religion prétendue réformée, qui luy auoit donné ce
conseil :

*A respondu que c'est chose qui passe nostre co-
gnoissance et qu'il n'en desclarera la vérité qu'au
prebstre en confession et non ailleurs, encore qu'il
ayt esté adjuré de la dire deuant nous en iustice
par le serment qu'il a faict.*

Et lecture faicte a persisté en la présente déposition et l'a signée : RAUAILLAC, *avec paraphe.*

———

Les Archeuesques d'Aix, d'Ambrun, et quelques
aultres Euesques furent ensuite députez audict hostel
pour tascher de tirer de luy la confession de son
crime ; mais ils perdirent leur temps, il leur desclara seulement qu'il auoit été feuillant à Paris, et
que pour auoir composé quelques escrits sur les iu-
gements du Très-Haut, le Prieur de leur monastère
l'auoit chassé de leur compagnie comme vn vision-
naire et incapable de soustenir la pureté de leur
règle ; que néantmoins il s'estoit attaché depuis à la
contemplation des secrets de la Prouidence éter-
nelle, dont il auoit eu de fréquentes réuélations,
tant en veillant qu'en dormant. On connut bien alors

que son esprit estoit entièrement brouillé et que ses
resueries chimériques et ridicules l'auoient rendu
susceptible de toutes les impressions du démon.
Plusieurs personnes éclairées qui estoient présentes,
réfléchissant iudicieusement sur sa manière de parler et ses différens mouuemens, creurent que ces
visions qui l'agitoient iour et nuit, l'air impérieux
qu'il prenoit sur tous les aultres, la présomption
qu'il auoit de participer aux conseils de Dieu, d'entendre ses voulontés, et d'estre enfin choisi pour les
exécuter, deuoient estre des preuues certaines que
son esprit estoit absolument obsédé du démon. Il
s'estoit fait dans son imagination vne créance toute
opposée à la iustice et à la piété du deffunct Roy, et
sur ce principe il déclama auec brutalité contre sa
souueraine puissance, disant qu'il estoit nécessaire
qu'elle fust punye, que l'on pouuoit sans scrupule
tuer vn tyran et que ce grand monarque estoit ré-
puté estre tel, parce qu'il ne vouloit point en aulcune manière desclarer la guerre aux huguenots, ny
les contraindre sur peine de la vie de croire aux
vérités de la religion Catholique.

Il est vray qu'entre toutes les inuectiues qu'il
proféra contre le Roy, sa conscience ne luy pust permettre de luy donner le tiltre de tyran; mais il aduoua
que tout ce qu'il auoit déclaré sur les louables actions de ce Prince luy auoit esté malheureusement
inspiré dans son âme par le mesme conseil qui luy
auoit faict méditer le dessein d'attenter à sa vie.

Le sieur de Bellangreuille, Grand Préuost de l'hostel du Roy voulant vaincre son obstination, luy fit serrer les pouces de près auec vn rouet d'arquebuse ; le scélérat luy demanda s'il estoit plus habile que ceulx qui l'auoient interrogé auant luy, et l'appela *huguenot*, ce qu'il répéta depuis en l'vn de ses interrogatoires. Il fust fouillé partout et on ne trouua sur luy que trois quarts d'écus d'argent auec quatre ou cinq sols de monnoye ; il confessa ensuite que s'il n'eust point faict son coup ce iour-là, il se seroit déterminé à s'en retourner le lendemain en sa prouince.

On le trouua saisi de plusieurs papiers, entre aultres d'vn sur lequel estoit peinct les armes de France colorées et soubstenues par deux lyons, l'vn tenant vne clef, et l'aultre vne espée, qu'il dict auoir apporté d'Angoulesme.

L'on luy trouua encore vn aultre papier dans lequel estoit escrit le nom de Iésus en trois différens endroits; plus vn chapelet et vn cœur de cotton dans lequel il se persuadoit y auoir vn morceau de la vraye croix, qu'vn chanoine d'Angoulesme luy auoit donné pour présent. Mais quelques couleurs qu'il donna à toutes ses prétendues inspirations, on n'eust pas de peine à s'imaginer qu'vn coup si abominable n'eust esté produit par d'aultres mouuemens que celui du démon qui l'obsédoit entièrement.

Comme chacun désiroit ardemment que ce malheureux fust puny de son parricide, on le mit aussitost entre les mains du Parlement, et l'on se saisit de ses parents et alliés, mesmes de tous ceulx auec lesquels il auoit eu quelque relation d'affaires.

La nuict du samedy quinsiesme iour de may, il fust mené à la conciergerie du Palais (1); messire Achilles de Harlay, Nicolas Pottier et Blancmesnil, Premier et Seconds Présidens, et Mes Bauin et Courtin, conseillers, Commissaires députés pour luy faire son procès, trauaillèrent diligemment et auec de sérieuses réflexions. La Royne enuoïa plusieurs fois M^r le marquis d'Ancre pour leur faire cognoistre plus particulièrement ses intentions et le désir qu'elle auoit que la vérité fust découuerte. Plusieurs docteurs et religieux allèrent par ordre de Sa Maiesté le visiter dans les prisons, pour tascher à le mettre par leurs sages conseils dans la voye du salut et de cognoistre adroitement ceulx qui l'au-

---

(1) Sur les registres d'écrou de la Conciergerie, on lit à cette date :

Du sabmedy XVme may VI c. dix.

FRANÇOIS RAVAILLAC, *praticien natif d'Angoulesme, amené prisonnier par M^{are} Joachim de Bellangreuille, cheualier, s^r du Neuuy, préuost de l'hostel du Roy et Grand Preuost de France par le commandement du Roy por l'inhumain paricide par luy commis en la personne du roy Henry quat^{me}.*

En marge est transcrit l'arrêt de condamnation, à la date du 27 mai, émané du Parlement.

roient conseillé à commettre vn si exécrable parricide.

Les sieurs Scruin et Le Bret, aduocats du Roy, et
Duret, premier substitut du Procureur Général,
emploïèrent auprès de luy toute la force de leur iugement et de leur capacité pour le persuader ; mais
ce malheureux leur respondict la mesme chose qu'il
auoit déià dict à plusieurs particuliers qui l'auoient
interrogé auant eulx dans la Conciergerie, qui est :
« *Qu'il n'auoit été inspiré ny conseillé de personne
que de luy mesme.* »

Les aduocats du Roy firent ensuite venir ceulx
auxquels ils auoient appris qu'il auoit parlé : on leur
amena entr'aultres deux Iacobins, à qui il disoit
auoir proposé cette question, scauoir : si vn confesseur estoit obligé de réuéler la confession d'vn
particulier qui luy auroit déclaré auoir esté tenté de
tuer le Roy ; mais aïant connu leur simplicité et
leur ingénuité, ils les laissèrent aller parce qu'ils
disoient qu'ils l'auoient enuoyé au Père d'Aubigny,
iésuiste, homme fort expert dans la résolution des
cas de conscience ; ils le mandèrent aussitôst et
l'examinèrent sérieusement sur ce subiect ; il leur
respondict, particulièrement à M. Scruin, que depuis
qu'il auoit quitté la prédication pour s'attacher entièrement aux confessions suiuant les ordres de ses
supérieurs, Dieu luy faisoit la grâce d'oublier dans
le mesme moment ce qu'on luy réuéloit sous le sceau
de la confession.

On leur amena ensuite vn jeune cordelier à qui il auoit proposé la mesme question, mais il n'y auoit rien respondu, soit à cause de son incapacité ou aultrement; ils le traitèrent auec la mesme douceur et mandèrent à ses supérieurs si par vne *discipline* régulière on ne pourroit pas en tirer plus d'esclaircissement.

Le criminel respondit aux interrogations à luy faictes par les commissaires, et protesta haultement que personne que luy ne l'auoit conseillé à commettre ce parricide, et qu'il n'auoit jamais desclaré son dessein à son directeur dans la crainte qu'il auoit qu'on ne le réuélast, et qu'il ne fust également puny pour la volonté que pour le faict; il dict que la résolution qu'il auoit formée de ce noir attentat ne procédoit vniquement :

1º Que de certaines méditations et visions qu'il auoit eues en veillant au subiect que le Roy n'auoit point voulu soubmettre par son autorité les prétendus réformés sous l'estendart de la religion Catholique, Apostolique et Romaine;

2º Qu'on luy auoit fait croire que le Roy vouloit prendre les armes contre le Pape et que faire la guerre au Pape c'estoit la faire à Dieu;

3º Que le Roy n'auoit point faict périr suiuant la rigueur des loix les huguenots qui auoient entrepris aux festes de Noël dernier de tuer les Catholiques;

4º Que dans ceste opinion il auoit souuent souhaitté parler à Sa Maiesté, mais qu'il auoit esté renuoyé par les officiers auxquels il s'estoit adressé et repoussé par les gardes qui luy en auoient deffendu l'entrée;

5º Qu'il auoit parlé de ses réuélations au Père d'Aubigny Iésuiste, et luy auoit monstré vn cousteau rompu où il y auoit vn cœur et vne croix grauée, luy disant qu'il croïoit que le Roy debuoit réduire les huguenots à l'Église Catholique;

6º Que dans ceste conionction le Père d'Aubigny l'auoit exhorté d'auoir recours à Dieu et de prendre quelques bouillons pour rétablir son cerueau blessé; mais le Père d'Aubigny, après auoir esté ouy, et le criminel luy estant représenté, dict que tout ce qu'il auoit allégué estoit faulx et dépouillé de preuues.

Comme chacun désiroit passionnément scauoir les noms de ceulx qui auoient conseillé ce malheureux à commettre vn crime si énorme, on imagina plusieurs genres de supplices, pour les luy faire desclarer.

La Royne mère dict aux commissaires qu'il y auoit vn boucher qui se présentoit pour l'escorcher tout vif, et se promettoit de le faire encore vivre longtemps et de luy laisser suffisamment de force après qu'il seroit dépouillé de sa peau pour luy faire endurer le plus cruel tourment. La Cour, louant l'affection d'vne Princesse pénétrée de douleur, qui

vouloit auoir vengeance de la mort de son époux
et le soin d'vne pieuse et tendre mère, qui craignoit tout pour le Roy son fils, accorda ceste pro-
position au zèle et à la ferueur de Sa Maiesté.

Balbany, inuenteur des nouvelles citernes, fist
faire un artifice en forme d'obélisque renuersé pour
presser ce misérable auec de viues douleurs sans
lui faire rien diminuer de ses forces; il le monstra
à M. Seruin, mais la Cour ne iugea pas à propos
d'user d'aultres tourments que de ceulx qu'on exerce
pour l'ordinaire en pareil cas.

On fust quelque temps à se déterminer si on luy
donneroit la question ou non auant de le condam-
ner à la mort, parce que les formalités des procé-
dures accoustumées sembloient ne le permettre pas,
attendu que la question ne s'applique au criminel
auant son dernier iugement que pour tirer de luy
la preuue de la vérité de son crime, ce qui fist con-
clure à la Cour qu'il n'estoit point absolument nécessaire de l'y appliquer puisqu'il auoit esté prins en
flagrant délit, et qu'il auoit confessé son parricide
publiquement; cependant on trouua vn arrest qui
condamnoit vn malheureux qui auoit attenté par
le poison à la vie du Roy Louis Vnze, à subir la
question par trois différens iours auant d'estre condamné au supplice; et la Cour ordonna en consé-
quence que Rauaillac y seroit aussi appliqué par
trois diuerses fois; mais comme il soustint constam-
ment la première sans rien desclarer et que l'on

appréhendoit que ses forces ne s'affoiblissent trop pour supporter le tourment qu'on luy préparoit, elle fust discontinuée.

M. de la Guesle, Procureur Général du Roy, quoiqu'il fust indisposé, se fist porter au parquet pour rendre ses conclusions auec les aduocats du Roy ; ensuite M. le Premier Président supplia la Royne d'auoir pour agréable qu'on l'expédia promptement, et Sa Maiesté l'aïant remis à la prudence du Parlement,

La grande Chambre, la Tournelle et celle de l'Édict assemblées,

Il fut procédé au iugement définitif du procès.

INTERROGATOIRES

*Faicts par nous, Achilles DE HARLAI,
Chevalier, Premier Président, Nicolas
POTIER, Président, Jehan COURTIN
et Prosper BAUIN, Conseillers du Roy,
nostre Sire, en sa Cour de Parlement,
Commissaires de par icelle en ceste partie,
à la requeste du Procureur Général du
Roy, au prisonnier accusé du parricide
du feu Roy.*

Du dix-sept may mil-six-cent-dix de relle-
uée au Pallais.

    Le serment de luy prins et enquis de
son nom, âge, qualité et demeure :

*A dict auoir nom François Rauaillac, natif d'An-
goulesme, y demeurant, agé de trente-₁n à trente-
deux ans.*

Enquis s'il est marié :

A dict que non.

S'il l'a été :

A dict que non.

A quoy il a employé sa ieunesse et s'est adonné :

A dict qu'il estoit emploïé à solliciter des procès en la Cour.

S'il a esté nourry à la pratique :

A dict que oui à Paris et à Angoulesme, et depuis quatorze ans sollicite des procès, logé aux Rats deuant le Pillier vert, rue de la Harpe, chez vn sauetier, et près les trois Chapellets, rue Callandre (1).

De quand il est en ceste ville le dernier voïage :

A dict qu'il y a enuiron trois sepmaines.

S'il a eu volonté de s'en retourner :

A dict que oui.

Jusques où il a esté :

A dict qu'il a esté par delà Estampes à vn Ecce Homo.

Qui l'a faict retourner :

A dict que c'est la volonté de tuer le Roy.

Enquis de l'occasion :

A dict plusieurs, entre aultres pour ce qu'il n'auoit voulu (comme il en auoit le pouuoir), réduire la religion prétendue réformée à l'Église Catholique, Apostolique et Romaine.

_____

(1) Calende. (*Var.*)

Enquis des aultres raisons :

A dict qu'il estoit venu en ceste ville pour parler au Roy, l'aduertir réduire ceulx de la religion prétendue réformée à la religion catholique, et à ceste fin a esté au Louure plusieurs fois chercher Sa Maiesté, a esté chez madame d'Angoulesme chercher quelqu'vn qui le peust introduire, aussi au logis de monsieur le cardinal du Perron, auquel ne parla, mais seullement à quelqu'vn de ses aumosniers, qu'il ne cognoist de nom bien le recognoistroit, s'il le voïoit, et parla au père d'Aubigny, Iésuiste, au précédent voïage qui fust peu auant Noël, et parla encore au curé de Sainct Séuerin et au père Saincte Marie Magdelaine, Prouincial des Feuillans.

Où il a parlé au Père d'Aubigny :

A dict qu'il luy en parla à l'église, rue Sainct Anthoine, à l'issue de sa messe.

En quel temps luy en parla :

A dict qu'estant parti du païs treize iours après Noël, auoit esté quatorze iours à venir en ceste ville, puis trois ou quatre iours après qu'il fust arriué, alla à la maison des Iésuistes, près la porte Sainct Anthoine, où ledict d'Aubigny disoit la messe, après laquelle pria l'vn des frères conuers le faire parler à iceluy d'Aubigny, ce qu'il fist, et lui donna à entendre plusieurs visions précédentes de ses méditations qu'il auoit faictes par la permission de son Père Dom François Marie Magdelaine, son Prouincial des Feuillans.

Pourquoy il a dict *mon Prouincial :*

A dict, c'est d'aultant que le dict Marie Magdelaine l'a reçeu conuers aux Feuillans.

Enquis combien il a eu l'habit de Feuillant et pourquoy il l'a laissé :

A dict qu'il l'a eu environ six sepmaines et que on le luy a osté pour ce qu'il auoit des méditations et visions.

Et sur ce enquis :

Dict qu'il l'auoit depuis redemandé, mais luy auoit esté refusé à raison desdictes méditations. Sur ce a commencé à plorer, *disant que Dieu lui auoit donné cest habit et son regret estoit que l'on ne luy auoit voulu rendre.*

Enquis s'il cognoist le soubs-prieur et son nom :

A dict ne le cognoistre pour ne sçauoir son nom, et n'auoir pas redemandé son habit, mais parce que Nostre Seigneur vouloit qu'il demourast au monde, dont désiroit se retirer, il eust voulu seruir comme frère lai. Et en s'exclamant auec pleurs, *a dict auoir beaucoup de desplaisir de n'estre demeuré auec les Feuillans en faueur de Dieu.*

Enquis de qu'elles visions il parla au Père d'Aubigny :

A dict qu'il luy dict qu'aïant esté prisonnier à Angoulesme, pendant qu'il y estoit retenu pour

debtes, il auoit eu des visions comme des senti-
mens du feu de souffre et d'encens, et qu'estant hors
de la prison, le samedi d'après Noël, aiant de
nuict faict sa méditation accoustumée (1) *les mains*
ioinctes et pieds croisés dans son lict, auoit senti sa
face couuerte et sa bouche d'vne chose qu'il ne
peust discerner, par ce que c'estoit à l'heure de
matines, c'est à dire de minuit, et, estant en cest
estat, eust volonté de chanter les Cantiques de
David commençant Dixit Dominus, *iusques à la*
fin du Cantique, auec le Miserere *et* De Profundis
tout au long; il luy sembla que les chantant il
auoit à la bouche vne trompette faisant pareil son
qu'vne trompette à la guerre; le lendemain matin
s'estant leué et faict sa méditation à genoulx, re-
colligé en Dieu à la manière accoustumée, se leua,
s'assit en vne petite chaise deuant le foyer, et puis
s'estant passé vn peigne par la teste, voïant que le
jour n'estoit encore venu, apperceut du feu en vn
tison, s'acheua d'habiller, print vn morceau de
sarment de vigne, lequel aïant allié auec le tison
où estoit le feu, meist les deux genoulx en terre et
se print à souffler, veit incontinent aux deux costez
de sa face à dextre et à senestre, à la lueur du feu
qui sortoit par le soufflement, des hosties sembla-
bles à celles dont l'on a accoustumé faire la com-

---

(1) *A continué*, dans les *Mémoires de Condé*, ce qui n'a aucun
sens.

*munion aux catholiques en l'Église de Dieu, et au
dessoubs de sa face au droict de sa bouche voïoit par
le costé vn roulleau de la mesme grandeur que
celle que leue le prestre à la célébration du seruice
diuin à la Messe, dont il auoit faict réuélation audict d'Aubigny, qui luy fist response qu'il ne se
debuoit arrester à tout cela, craignoit qu'il eust le
cerueau troublé, debuoit dire son chappellet et prier
Dieu, et s'estoit deu addresser à quelque grand
pour parler au Roy.*

S'il demanda audict d'Aubigny qu'aïant eu des
visions qui passoient sa puissance comme mesme
de tuer les Roys, il s'en falloit confesser :

*A dict que non, et ne luy dict que ce qu'il nous a
respondu, sinon qu'il vouloit dire au Roy qu'il
chassast ceulx de la religion prétendue réformée et
les conuertist à l'Église Catholique, Apostolique et
Romaine.*

Enquis de la response dudict d'Aubigny :

*A dict qu'il luy dict qu'il debuoit oster tout cela
de son esprit, prier Dieu et dire son chappellet.*

S'il n'eust aultre propos auec luy et s'il ne l'a
veu que ceste fois :

A dict que non.

Enquis pourquoy s'est adressé à d'Aubigny plustost qu'à vn aultre :

*A dict que c'estoit parce qu'estant hors des Feuil-
lans, il auoit eu volonté se rendre Iésuiste ou le*

prier parler à son *Prouincial, pour le faire remettre*
aux Feuillans, mais ne l'aïant trouué la première
fois, l'vn des conuers dit à l'accusé que l'on ne re-
ceuoit en leur maison ceulx qui auoient esté d'aultre
religion; dict que n'aïant peu parler au Roy, re-
tourna aux Iésuistes pour la seconde fois, qu'il
parla à d'Aubigny comme il nous a dict, et luy
monstra vn petit cousteau auquel il y auoit vn
cœur et vne croix, luy disant que le cœur du Roy
debuoit estre porté à faire la guerre aux huguenots.

Enquis qui l'auoit empesché de parler au Roy :

A dict que ce fust le Grand-Préuost (1) *qui luy a*
baillé la question du chien de son arquebuse, depuis
qu'il a esté prisonnier à l'hostel de Retz.

Enquis à qui il s'estoit adressé pour parler au
Roy :

A dict que c'estoit à des archers qui l'auoient ren-
uoié et mené parler au Grand-Préuost qui lui dict
que le Roy estoit malade.

Enquis quand il fut au Louure :

A dict que ce fust après Noël, et, quelques deux
iours après, rencontra Sa Maiesté près Sainct Inno-
cent en son carrosse, luy voulust parler, s'escria en
ces mots : Sire, au nom de Nostre Seigneur Iésus-
Christ et de la Sacrée Vierge Marie, que ie parle à
vous; *mais le repoussa auec vne baguette, ne le*

_____

(1) M. de Bellangreville.

*voulust ouyr parler ; lors l'accusé délibéra se retirer
en son païs, où s'en alla, et estant à Angoulesme,
fust trouuer frère Gilles Cheré* (1), *peu auparauant
gardien des Cordelliers de Paris, luy confessa de ses
visions et méditations, luy dict qu'il voïoit que
nostre Seigneur vouloit réduire à la religion Catholique, Apostolique et Romaine ceulx de la religion
prétendue réformée, à quoy ledict gardien lui fist
response, qu'il n'en falloit point doubter. Peu de
iours après le premier dimanche de Caresme, ledict
accusé s'en alla à la messe au mesme monastère
des Cordelliers d'Angoulesme, se reconcilia auec
Dieu, se confessa à vn religieux de l'ordre dont il ne
scait le nom, se confessant de cest homicide volontaire.*

Enquis d'interpréter ce mot de *volontaire* :

*A dict que c'estoit de venir en ceste ville en in-
tention de tuer le Roy, ce que néantmoins il ne dict
pas à son confesseur, lequel aussi ne luy demanda
pas l'interprétation de ces mots.*

Sur ce enquis :

*A dict que lors il auoit perdu ceste volonté, mais
que retournant en ceste ville le iour de Pasques
dernier, et dès lors de son partement il reprint sa
volonté.*

---

(1) Un ms. dit aussi *Chérau* ; les textes imprimés nomment ce
frère : *Ozière* ou *Ozère*.

Enquis quand il arriua en ceste ville :

A dict qu'il vint à pied, arriua huit iours après son partement.

Enquis ce qu'il a faict depuis qu'il est en ceste ville :

A dict qu'il fust loger aux Cinq Croissans faulbourg Sainct Iacques et pour estre proche du Louure, se logea aux Trois Pigeons, faulbourg Sainct Honoré, où allant passa pour loger à l'hostellerie proche des Quinze-Vingts à costé, où y auoit trop d'hostes, fust refusé, et sur la table print vn cousteau, non à cause du refus, mais pour lui sembler le cousteau propre à exécuter sa volonté; le garda quelques quinze iours ou trois sepmaines, l'aïant en vn sac en sa pochette, dict que s'estant désisté de sa volonté, il prist le chemin pour s'en retourner, fust iusques à Estampes, où y allant rompit la pointe du cousteau de la longueur d'environ vn poulce à vne charrette deuant le iardin de Chanteloup et estant deuant l'Ecce Homo du faulbourg d'Estampes, lui reuint la volonté d'exécuter son dessein de tuer le Roy et ne résista pas à la tentation comme il auoit faict auparauant; sur ce reuinst en ceste ville auec ceste délibération, parce qu'il ne conuertissoit pas ceulx de la religion prétendue réformée, et qu'il auoit entendu qu'il vouloit faire la guerre au Pape, et transférer le Sainct Siège à Paris.

Enquis où il logea, et qui le fict loger en ceste
ville :

*A dict qu'il chercha l'occasion de tuer le Roy, à
ceste fin refist la pointe au cousteau auec vne
pierre et attendit que la Reine fust couronnée et
retournée en ceste ville, estimant qu'il n'y auroit
pas tant de confusion en la France de le tuer après
le couronnement que si elle n'eust pas esté couronnée* (1).

Remonstré que puis qu'il différoit espérant qu'il
y auroit moins de diuision après le couronnement,
il pouuoit assez iuger que le couronnement ne
feroit pas cesser tant de troubles que la mort du
Roy apporteroit :

À dict qu'il se submettoit à la puissance de Dieu.

Enquis où il a cherché le Roy :

*A dict qu'il l'a cherché au Louure où a esté plu-
sieurs fois depuis son dessein, faisant estat de le
tuer dans le Louure, là où fust vendredy dernier,
entre les deux portes, le voïant sortir en son carrosse, le suiuit iusques deuant les Innocens, enuiron le lieu où il l'auoit aultrefois fortuitement
rencontré, qu'il ne voulust parler à luy, et voïant
son carrosse arresté par des charettes, Sa Maiesté*

---

(1) On voit par cette réponse que non-seulement ce crime étoit
prémédité, mais même qu'il étoit fait avec une suite de raison-
nements politiques qui ne pouvoit pas venir d'un homme d'aussi
basse extraction. (*Mémoires de Condé*, t. vi.)

au fond tournant le visage et panché du costé de monsieur d'Espernon, luy donna dans le costé vn coup ou deux de son cousteau, passant son bras au dessus de la roue du carrosse.

Enquis ce qu'il pense auoir faict par cet acte :

A dict qu'il pense auoir faict vne grande faulte, et dont il demande pardon à Dieu, à la Reine, à monsieur le Daulphin, à la Cour et à tout le monde qui en peut reçeuoir préiudice.

Luy auons représenté le cousteau, mis par deuers nous, tranchant des deux costez par la pointe, aïant le manche de corne de cerf :

L'a recogneu estre celuy dont il nous a parlé, duquel a frappé le Roy, qui luy fust à l'instant osté par vn gentilhomme qui estoit à cheual.

Remonstré qu'il n'a eu de subiect faire vn si meschant et desloïal acte auquel vraisemblablement a esté poussé d'ailleurs :

A dict que personne quelconque ne l'a induict à ce faire que le commun bruit des soldats, qui disoient que si le Roy, qui ne disoit son conseil à personne, vouloit faire la guerre contre le Sainct Père, qu'ils luy assisteroient et mourroient pour cela, à laquelle raison s'est laissé persuader à la tentation qui l'a porté de tuer le Roy, parce que faisant la guerre contre le Pape, c'est la faire contre Dieu, d'aultant que le Pape est Dieu et Dieu est le Pape.

Enquis du temps qu'il ouyt tenir les propos aux soldats :

A dict que c'est depuis qu'il eust logé aux Cinq Croissans.

Remonstré que le prétexte qu'il prend est faulx et mensonger, parce qu'il nous a dict s'estre mis en chemin pour retourner en son païs, aïant perdu la volonté, et qu'estant à Estampes auoit reprins la mesme volonté, ce qui fait cognoistre faulx qu'il a reprins ceste volonté sur le discours des soldats :

A dict qu'il auoit auparauant parlé à eulx, néant-moins il auoit changé de dessein et qu'estant à Es-lampes, se ressouuenant de ce que les soldats luy auoient dict, il reprint la volonté.

Nous a demandé voir vn papier qu'il auoit lors de sa prinse, où sont peintes les armes de France, à chaque costé deux lyons, l'vn tenant vne clef et l'aultre vne espée, lequel luy auons représenté,

Et il a dict qu'il l'auoit apporté d'Angoulesme auec ceste intention de tuer le Roy; sur ce qu'es-tant à la maison d'vn nommé Béliart, il dict auoir entendu que l'ambassadeur du Pape auoit de sa part dict au Roy que s'il faisoit la guerre il l'ex-communieroit, dict que Sa Maiesté auoit faict res-ponce que ses prédécesseurs auoient mis les Papes en leur trosne, et que s'il l'excommunioit l'en dé-posséderoit, ce qu'aïant entendu se résolut du tout

*de le tuer et à ceste fin meit de sa main au dessus
de ces deux lyons :*

*Ne souffre pas qu'on fasse en ta présence
Au nom de Dieu aulcune irréuérence.*

Enquis si lors qu'il a prins le cousteau, il auoit le
manche qu'il a à présent :

*A dict que non, et qu'il en auoit vn de ballaine,
lequel s'estant rompu, y auoit faict mettre celuy
de corne par le frère de son hoste nommé Iehan
Barbier* (1), *du mestier de tourneur, demeurant au
faulbourg Sainct Iacques, ne luy parla point ce
qu'il en vouloit faire ny mettre plustost de la
corne qu'aultre chose.*

Enquis si ce Béliart est de la Religion prétendue
réformée :

*A dict que non et qu'il est Catholique, touteffois
tenoit ces propos sur lesquels print sa résolution.*

Remontré que sur la parolle d'vn homme seul ny
aultrement ne debuoit prendre vne résolution si
déterminée et abominable :

*A dict qu'il s'estoit résolu de tuer le Roy pour
l'auoir ouy dire non seulement à cest homme, mais
aussi à des soldats à Paris, entre aultres au sieur
de Sainct Georges qui disoit que si le Roy vouloit
faire la guerre contre le Sainct Père, il luy obéiroit,*

_____

(1) Barbut. (*Var.*)

*y estant tenu et que s'il la faisoit mal à propos,
cela tourneroit sur luy.*

Lui auons représenté vn cœur de Cotton (1) :

*Qu'il a recogneu luy auoir esté prins, et a dict
luy auoir esté baillé par monsieur Guillebaud, chanoine d'Angoulesme, l'accusé estant malade, pour
le guérir de la fiebure, disant qu'il y auoit vn peu
de bois de la vraie Croix, lequel auec le nom de
Iésus sacré par les Pères Capuchins auoit ceste
vertu, et à ceste fin l'accusé auroit envoïé Marie
Moiseau son hostesse aux Capuchins ; depuis l'a
tousiours porté au col.*

---

(1) Ce *Cœur de Coton* fut pour lors sujet à bien des gloses peu
favorables au célèbre Jésuite qui portait ce nom; mais ce bon
Père s'en tira en homme habile, et l'on jugea qu'on pouvoit le
croire. (*Mémoires de Condé.*)

Le 12 juillet, le Père Coton fit mettre en lumière sa *Lettre
déclamatoire de la doctrine des Iésuites conforme aux décrets
du concile de Trente*, qu'il adressa à la Reyne régente.

Le 12 septembre parut en réponse cette célèbre satire contre
les Jésuites, appelée *l'Anti-Coton*, sans noms d'auteur ni d'im-
primeur, in-8° de 74 pages, attribuée d'abord à P. du Moulin et à
P. du Coignet, mais donnée assez généralement aujourd'hui à un
avocat d'Orléans, nommé César de Plaix : ce qui paraît confirmer
cette attribution, c'est qu'on découvrit à la bibliothèque publique
d'Orléans un exemplaire qui portait écrits à la main, à la fin
de l'épître dédicatoire, ces mots : *César de Plaix, sieur de
l'Ormoye, avocat au parlement.* Malgré cette prétendue preuve,
qui n'en est pas une, selon nous, nous persistons à attribuer
l'Anti-Coton au célèbre et violent Pierre du Moulin, l'auteur de
l'Anatomie de la Messe.

Auons faict faire ouuerture dudict cœur en sa présence, ne s'y estant trouué aulcun bois,

A dict que ce n'est pas luy qui s'est trompé, ains celuy qui luy a baillé.

Luy auons représenté vn papier auquel en trois lieux est escrit le nom de Iésus :

L'a recogneu auoir esté prins sur luy.

Luy auons représenté vn chappelet :

Qu'il a dict auoir achepté rue Sainct Iacques y a sept ou huict iours, a faict ses prières auec iceluy, l'a tousiours porté.

Enquis de ceulx qu'il a fréquentez depuis qu'il est reuenu en volonté d'exécuter son intention :

A dict qu'il ne fréquentoit que des religieux de son païs qui sont aux Iacobins où il allait ouyr la Messe et Vespres.

Enquis quels propos il a eu auec eulx, et s'il leur a parlé de ses visions :

A dict que oui, leur faisant entendre ce qu'il a dict aux aultres.

Enquis de la cognoissance qu'il a d'vn nommé Colletet et des propos qu'ils ont eus ensemble :

A dict qu'il ne le cognoist que pour auoir logé en mesme logis et couché ensemble, ne luy a parlé de son dessein.

S'il a communiqué auec d'aultres religieux :

A dit que non, de ce dernier voïage.

S'il a communiqué auec vn Cordelier qui est d'Angoulesme :

A dict que oui et ne luy parla point de son entre-prinse et imaginations.

Remonstré qu'il ne dict la vérité et qu'il luy a parlé des imaginations, demandé aduis si celuy qui en a eu les doibt desclarer à son confesseur :

A dict qu'il n'en a parlé à celuy de son païs, mais bien à vn aultre qu'il trouua proche du Bourg la Reine auec lequel print accès pour l'ac-compagner et par ce qu'il n'auoit cognoissance en ceste ville le logea en son logis, portoit des lettres de ses amis pour estre receu au couuent, aussi luy portoit ses hardes, lequel religieux se nommoit Le Febure.

Luy a esté remonstré que pendant la lecture de l'interrogatoire, en ce qui faict mention des coups par luy donnés, il en demandoit pardon à Dieu, et que pour l'obtenir le vray moïen estoit recognoistre la vérité et que le prétexte par luy prins est si léger qu'il est fort vraysemblable qu'il a esté porté par quelqu'un qui auoit intelligence au malheureux éuènement dont nous resentons les effects :

A dict que depuis qu'il est prisonnier plusieurs personnes l'ont inuité à faire cette recognoissance mesmes monsieur l'Archeuesque d'Aix et plusieurs aultres, mais qu'il n'a esté poussé par personnes quelconques que par sa volonté seule, et quelque torment que l'on luy puisse faire, n'en dira aultre

chose ; que si le torment le luy debuoit faire con-
fesser, il en a receu assez par la question que luy a
donné vn huguenot de son authorité priuée le te-
nant prisonnier à l'hostel de Retz dont a les os du
poulce rompus.

Remonstré qu'il a esté choisi a faire cest acte
comme organe propre à faire mal, mais toute sa
vie a esté meschante, a commencé en oultrageant
père et mère réduicts à mendicité :

Dict qu'il ne se souuient pas et que son père et sa
mère sont encore viuans qui diront tout le contraire,
aussi tout le peuple, et bien a esté accusé et con-
damné, mais par faulx tesmoings estant innocent.

Enquis en quel temps il a esté à Bruxelles :

A dict qu'il ne sortit iamais du roïaume et ne scait
où est Bruxelles.

Lecture faicte, a persisté en ses responces et
signé : Rauaillac.

Du lendemain matin au Palais, ledict sieur Premier Président indisposé, par nous aultres Commissaires,

De rechef mandé et par serment le-dict *Rauaillac*, enquis de sa qualité et de ses père et mère :

A dict qu'il est praticien et de présent instruict la ieunesse, et son père suiuant la praticque et sa mère séparée d'auec le père.

Luy auons de rechef faict faire lecture de ses interrogatoires et responces à iceulx,

Et y a persisté, sans vouloir adiouster ni dimi-nuer, sinon qu'il a obmis que ce qui l'a induict à son entreprise, a esté d'aultant que le Roy n'auoit voulu que la iustice fust faicte de l'entreprise faicte par les huguenots de tuer tous les Catholiques le iour de Noël dernier, dont aulcuns ont esté pri-sonniers, amenez en ceste ville, sans qu'il en ait

esté faict iustice comme il a ouy dire à plusieurs
personnes.

Luy auons remonstré que ce qu'il a dict est faulx,
et qu'il n'a deu (quand il l'auroit ouy dire) y
adiouster foy ny estre induict à entreprendre vng
acte si meschant et abominable :

A dict que c'est vne des circonstances qui l'a
induict et aidé à la tentation.

Remonstré que c'est par l'aide, conseil et induc-
tion d'aultre :

A dict qu'il n'y a eu aultre que luy mesme.

Enquis s'il estoit auec son père et sa mère :

A dict qu'il estoit auec sa mère, non auec son
père, qui veult mal à sa mère et à luy.

Enquis de quoy il s'entretenoit :

A dict qu'il auoit quatre-vingts escoliers dont il
gaignoit sa vie, et de ce qu'il recebuoit faisoit les
voïages en ceste ville.

Si son père et mère auoyent l'œil sur luy et à
ses déportements :

A dict que son père s'est depuis peu séparé
d'auec eulx, et y a plus de six ans qu'il ne voul-
loit bien à l'accusé qui na esté qu'auec sa mère
seulle, laquelle a esté délaissée par les sœurs de luy
respondant.

Enquis de ses moïens et commodités :

A dict que ses père et mère viuoyent d'aumosne
le plus souuent, et luy accusé de ce qu'il gaignoit

*de ses escoliers, aydé de ce que ses amis luy don-
noient.*

Enquis de ses amis :

*A dict que c'estoient les pere et mere des esco-
liers qui luy donnoient l'vn du lard, l'aultre de
la chair, du bled, du vin.*

Enquis pourquoy aïant ceste commodité de viure
il ne s'y tenoit :

*A dict qu'il a creu qu'il falloit préférer l'honneur
de Dieu à toutes choses.*

Remonstré que l'honneur de Dieu n'est pas de
tuer son Roy, mais acte du Diable :

*A dict que c'est vne mauuaise tentation qui vient
de l'homme par son peché et non pas de Dieu.*

S'il a pas horreur d'vn coup si abominable et pré-
iudiciable à toute la France :

*A dict qu'il a desplaisir de l'auoir commis, mais
puisqu'il s'est faict (1), que Dieu luy fera la grace
pouuoir demeurer iusques à la mort d'vne bonne
foy, espérance et parfaicte charité, et qu'il espère
que Dieu est plus miséricordieux et sa passion plus
grande pour le sauuer que l'acte qu'il a commis
pour le damner.*

---

(1) *Mais puisqu'il est faict pour Dieu, il lui fera la grace…*
(Procès, etc., 1610.)

4

Remonstré qu'il ne peust estre en la grace de Dieu après vn acte si misérable :

A dict qu'il espère que Nostre Seigneur tout puissant fera qu'il n'en arriuera aultre inconuénient.

Remonstré qu'il ne doibt espérer la miséricorde de Dieu, s'il ne recognoist la vérité, et desclare ceulx qui l'ont poussé et persuadé à ceste meschanceté :

A dict qu'il n'y a eu aultre subiect que ce qu'il a ci-deuant desclaré au procès.

A qui il a desclaré sa volonté :

A dict à personne.

Remonstré que sa qualité et condition est trop basse pour auoir eu ceste volonté qu'il n'y ait esté conseillé et fortifié :

A dict qu'il n'y a eu personne.

Remonstré qu'il est d'aultant plus misérable s'il n'a suiuant le conseil et aduis de quelqu'vn entreprins un tel coup, l'interpellant de le desclarer :

Respondu que la cause pourquoy il n'a desclaré ceste pernicieuse intention aux prebstres et aux hommes aïant charge d'ames, a esté pour estre du tout certain que s'il leur eust desclaré l'attentat qu'il vouloit commettre contre le Roy, c'estoit leur debuoir se saisir de sa personne et le rendre entre les mains de la Iustice, d'aultant qu'en ce qui concerne le public les prebstres sont obligés de ré-

*uéler le secret, occasion qu'il ne la oncque voulu
desclarer à personne, craignant que on le feist aussitost mourir de la volonté que de l'effect qu'il a
commis, dont il requiert à Dieu pardon.*

Remonstré que l'Eglise commande desclarer les
mauuaises pensées à son confesseur, aultrement
on est en pesché mortel :

A dict qu'il recognoist cela.

Remonstré qu'il en a donc parlé :

A dict que non.

S'il en a parlé à vn Cordellier :

A dict que non.

Remonstré qu'il est menteur et qu'il s'est descou-
uert à vn Cordellier, luy aïant demandé si, quand
on a des visions de choses estranges, comme vouloir tuer vn Roy, il s'en fault confesser :

*A dict que la vérité est qu'il a faict ceste consul-
tation, mais n'a dict qu'il le vouloit faire.*

Enquis aussi à qui il a faict ceste consultation :

*A dict au ieune enfant le Feburc Cordellier, au-
quel demanda si aïant eu vne tentation comme de
tuer vn Roy, s'il s'en confessoit au penitencier, il
seroit tenu la réuéler : Sur ce fust ledict le Febure
interrompu par d'aultres Cordelliers, ne lui en rendit de résolution qu'il aye mémoire.*

Remonstré qu'il ne dict vérité et que ledict Cordellier lui feit response s'il l'en veult croire :

A dict qu'il le veult croire, dict qu'il pense bien

que s'il luy a donné résolution, c'est qu'il le fau-droit réuéler, mais fust interrompu, et ne luy donna response, aussi ne luy proposa cela, comme l'aïant l'accusé eu l'intention, ains luy fict vne proposi-tion généralle si vn homme l'auoit.

Remonstré qu'il n'a recogneu la vérité et qu'il luy a desclaré sa volonté :

A dict qu'il n'y a aulcune apparence et que s'es-tant adressé tant à séculiers que aultres, mesmes à vn escuyer de la Royne Margueritte, nommé de Ferrail (1), *desclaré ses visions, le priant le faire parler au Roy, luy auoit respondu qu'il falloit voir, mais qu'il n'y auoit pas grande apparence qu'il fust vn sainct personnage et homme de bien, à quoy luy accusé réplicqua qu'il pensoit estre assez homme de bien pour parler au Roy, et peut-estre s'il eust parlé à Sa Maiesté, auroit perdu sa tentation; par après s'adressa au secrétaire de madame d'Angou-lesme, qui luy dict qu'elle estoit malade, et encore chez monsieur le Cardinal Du Perron, où on luy fist la response qu'il nous a dict, qu'il eust mieulx faict de se retirer en sa maison.*

Remonstré que c'estoit bon conseil qu'il le deb-uoit suiure :

A dict qu'il est vray, mais qu'il a esté si imbé-cile (2) *que le Diable l'a faict tomber en la tentation.*

---

(1) De Ferrare. (*Var.*)

(2) Et tellement aueuglé du péché. (*Procès*, etc., 1610.)

Remonstré qu'il y a aultre que le Diable qui s'est
scruy à le tenter :

A dict que iamais homme ne luy en a parlé.

Remonstré qu'il ne peust espérer la grace de Dieu
sans descharger sa conscience :

*A dict qu'il a la crainte, mais aussi l'espérance
en la grace de Dieu.*

Remonstré qu'il ne la peut espérer qu'en descla-
rant la vérité :

*A dict que s'il auoit été induict par quelqu'vn de
la France ou par Estranger, et qu'il fust tant aban-
donné de Dieu que de vouloir mourir sans le desclarer, il ne croiroit pas estre sauué ni qu'il y eust Paradis pour luy parce que abyssus abyssum, comme
il a apprins des prédicateurs de Nostre Seigneur
qu'vn abisme de pesché en attire vn aultre, par-
tant que ce seroit redoubler son offence, que le
Roy, spécialement, la Royne et toute la maison de
France, les Princes, la Cour, la Noblesse et tout le
peuple seroit porté à son occasion offencer Dieu,
leur esprit demeurant en inquiétude perpétuelle,
soupsonnant iniustement tantost l'vn tantost l'aultre de leurs subiects, lesquels il ne croit pas auoir
esté si mal aduisez d'auoir iamais pensé d'estre
aultres que fidèles à leur Prince.*

Remonstré qu'aïant ceste croïance, il doibt d'aultant plustost desclarer qui l'a persuadé :

A dict que iamais Estranger, François ni aultre

ne l'a conseillé, persuadé ni parlé, comme l'accusé de sa part n'en a parlé à personne, ne voudroit estre si misérable que de l'auoir faict pour aultre que le subiect qu'il nous a desclaré qu'il a creu que le Roy vouloit faire la guerre au Pape.

Remonstré qu'il a prins vn faulx prétexte :

A dict qu'il en a desplaisir, suppliant tout le monde qui se seroit porté à ceste deffiance de l'oster et croire que tout est venu de luy accusé, n'en regarder ni de l'œil ni de l'ame personne de mauluaise volonté.

Enquis s'il a seruy :

A dict qu'il a seruy deffunct Roziers, conseiller à Angoulesme, et demeuré auec des procureurs décédés.

S'il a esté Page ou Lacquais ou Valet de chambre de quelque grand ou aultre :

A dict que non, sinon seruant de clerc le conseiller Roziers, le seruoit aussi de valet de chambre.

S'il a veu le couronnement ieudy dernier à Sainct-Denys, et s'il y a suiuy le Roy :

A dict que non.

S'il a esté sur le chemin de Sainct-Denys :

A dict qu'il n'y a point esté ce voïage, bien à celuy de Noël, y allant chercher l'aumosne.

S'il y a esté la dernière sepmaine :

A dict qu'il n'a passé Sainct Jean en Grèue et le pont Nostre-Dame.

S'il a eu des charactères (1) et qui luy en a baillé :
A dict qu'il croiroit faire mal (2).

Lecture faicte, a persisté en ses responses et
signé : Ravaillac,

> *Que tousiours en mon cœur*
> *Iésus soit le vainqueur.*

---

(1) Charactères, *sortiléges, pactes avec l'Esprit du mal.*
(2) S'il en auoit. (*Procès,* 1610.)

ANDÉ Frère IAQUES D'AUBIGNY, prebstre
du Collége des Iésuistes, par nous ce-
iourd'huy, ouy en présence dudict *Ra-*
uaillac, le serment de rechef prins,
iceluy Rauaillac, l'a recogneu pour estre celuy
qu'il a veu dire la messe à l'Eglise Sainct Loïs
rue Sainct Antoine, en leur couuent, après Noël
dernier, lorsqu'il l'alla chercher, aïant entendu
qu'il estoit ami de frère Marie Magdaleine, feuillant, pour le prier le faire receuoir aux feuillans
et à l'issue de la messe parla à luy par le moïen
d'vn frère conuers, luy desclara qu'il auoit eu de
grandes visions et imaginations, que le Roy debuoit
réduire ceulx de la Religion prétendue réformée, et
monstra audict d'Aubigny un lopin de cousteau où
il y auoit vn cœur et vne croix, croïant que le
Roy debuoit conuertir ceulx de la Religion prétendue réformée à la Catholique et Romaine.

Ledict d'Aubigny a dict que tout cela est faulx, et n'auoir iamais veu ledict Rauaillac qu'il scache.

Ledict Rauaillac a dict : Aux enseignes que vous me donnastes vn sol que vous demandastes à vn qui estoit là.

Et d'Aubigny a dict que cela est faulx et que iamais ils ne donnent d'argent, n'en portant point.

Ledict d'Aubigny a dict que l'accusé est fort meschant et après vn si meschant acte ne deburoit accuser personne, ains se contenter de ses peschez sans estre cause de cent mil qui arriueront.

L'accusé admonesté, s'il le veut reprocher, le faire promptement :

A dict que non, le tient pour homme de bien, bon religieux et le veult croire.

Pareillement ledict d'Aubigny aduerty reprocher, et de l'ordonnance qu'il n'y seroit plus receu si présentement ne le propose :

A dict qu'il ne veult alléguer aultres reproches, sinon que c'est vn meschant qui ment impudemment.

Lecture faicte de la déposition et response dudict d'Aubigny en présence dudict Rauaillac, iceluy d'Aubigny l'a soustenu véritable.

Ledict Rauaillac a soustenu au contraire *qu'il a communiqué audit d'Aubigny ; le fust trouuer sortant du Louure et luy dict comme il auoit des ten-*

lations qui estoient telles que estant en prison fai-
sant ses méditations par la licence de frère Marie
Magdaleine, auoit senty des puanteurs de souffre
et feu aux pieds et mains, qui demonstroient le
Purgatoire contre l'erreur des hérétiques, auec
des visions de sainctes hosties aux deux costés de
sa face, aïant auparauant chanté les Cantiques de
David, comme il nous respondit hier des aultres
choses contenues par ses interrogatoires, à quoy
le Père d'Aubigny lui fist response que luy Rauail-
lac se debuoit adresser à quelque grand pour en
aduertir Sa Maiesté, touteffois puisqu'il ne l'a-
uoit pas faict qu'il estoit à propos à luy Rauaillac
s'arrester à prier Dieu, croïant que c'estoit plus
imaginations que visions, qui procédoit d'auoir le
cerueau troublé, comme sa face démonstroit, deb-
uoit manger de bons potages, retourner en son
païs, dire son chapellet et prier Dieu.

Ledict d'Aubigny a dict *que ce sont toutes resue-*
ries faulses et menteries.

Auons aussi faict faire lecture des interrogatoires
et responses dudict Rauaillac de ce qui concerne
ledict d'Aubigny luy présent, et a ledict Rauaillac
persisté en ses responses et ce qu'il a dict soustenu
véritable.

Ledict d'Aubigny *que tout ce que ledict Rauaillac*
a mis en auant contre luy est faulx, comme il nous
a desclaré.

Et sur ce ledict Rauaillac enquis :

A dict qu'il n'a iamais veu ledict d'Aubigny que ceste fois.

Lecture faicte, ont persisté et signé.

Dv dix-neuf dudict mois, du matin, au Palais, par nous Commissaires.

Ledict Rauaillac mandé, le serment par luy réitéré, admonesté recognoistre qui l'a induict et porté à ceste meschante entreprinse :

A dict que ce qui luy reste à desclarer est vne nue intention et désir qu'il a de se releuer du pesché que commet tout le peuple à son occasion se persuadant et se laissant transporter à leur oppinion que l'accusé a esté induict à tuer le Roy par argent ou par des grands ennemis de la France ou par des Roys et Princes estrangers, désireux de s'agrandir, comme est trop plus communément le désir des Roys, des grands Potentats de la terre, sans considérer si la raison pourquoy ils se résoluent à faire la guerre est conforme à la volonté de Dieu ou à vn désir de s'approprier de la terre d'aultruy iniustement, mais que la vérité est que, luy accusé, n'a esté induict ni poussé à ce par aulcun qui soit au monde, et que si tant estoit que cela fust vray, qu'il eust esté si abominable que d'auoir consenti à vn tel acte par argent ou en faueur des estrangers, il l'eust recogneu de prime face deuant la iustice de Dieu, deuant laquelle il respond maintenant la vérité.

Sur ce nous a dict :

Faictes deux points, mais qu'il prie la Cour, la Royne et tout le peuple de croire qu'il sent son ame deschargée de la faulte qu'ils commettent erronément de penser que aultre que luy l'aye porté à commettre l'homicide qu'il a touiours confessé, et pour ce les supplie de cesser l'opinion qu'ils ont qu'aultre que luy ait participé à cest homicide pour ce que ce pesché tombe contre luy accusé pour les auoir laissé en ceste incertitude n'y aïant personne pour iuger du faict que luy et est tout ce qu'il a confessé.

Remonstré qu'il n'est vraysemblable qu'il aye attenté à la personne sacrée du Roy, qu'il scait estre l'oinct de Dieu, sans auoir senti incomodité en sa personne ni en ses biens de commandement et ordonnance qui soit venue de luy, qu'il n'ait esté poussé d'ailleurs et aidé et moïenné pour ce qu'il

est pauure et nécessiteux, fils d'un père et mère
qui sont à l'aumosne :

A dict que la Cour a assez d'argumens suffisants
par les interrogatoires et responses au procès,
qu'il n'y a nulle apparence qu'il aye esté induict
par argent ou suscité par gens ambitieux du scep-
tre de France, car si tant eust esté qu'il y eust esté
porté par argent ou aultrement, il semble qu'il ne
fust pas venu iusques à trois fois et trois voïages
exprès d'Angoulesme à Paris distant l'vn de l'aultre
de cent lieues pour donner conseil au Roy ranger
à l'Église Catholique, Apostolique et Romaine,
ceulx de la Religion prétendue réformée, gens du
tout contraires à la voulonté de Dieu et de son
Église; parce que qui a voulonté de tuer aultruy
par argent, dès qu'il se laisse ainsi malheu-
reusement corrompre par auarice pour assasiner
son Prince, ne va pas l'aduertir comme il a faict
trois diuerses fois, ainsi que le sieur de la Force,
Capitaine des Gardes, a recogneu depuis l'homicide
commis par l'accusé, auoir esté dans le Louure et
prié instamment le faire parler au Roy, luy feist
response qu'il estoit un papault et catholique à gros
grain, luy demandant s'il cognoissoit monsieur
d'Espernon, et l'accusé respondit que oui et qu'il
estoit catholique à gros grain, mais que lors qu'il
print l'habit au monastère Sainct-Bernard, l'on luy
donna pour père spirituel frère François de sainct
Père, et parce qu'il estoit catholique, apostolique

*et romain, désiroit tel viure et mourir, suppliant
ledict de la Force le faire parler au Roy, d'aultant
qu'il ne pouuoit et n'osoit desclarer la tentation
que de longtemps le sollicitoit à tuer le Roy, voulant
la dire à Sa Maiesté afin de se désister tout à fait
de ceste voulonté mauuaise.*

Enquis si deslors qu'il fist ses voïages pour parler au Roy de faire la guerre à ceulx de la Religion prétendue réformée, il auoit proietté au cas
que Sa Maiesté ne voulust accorder ce dont l'accusé
le supplioit de faire le malheureux acte qu'il a
commis :

*A dict que non, et s'il l'auoit proietté s'en estoit
désisté, et croïoit qu'il estoit expédient luy faire
ceste remonstrance plutost que de le tuer.*

Remonstré qu'il n'auoit point changé sa mauuaise
intention, parce que depuis le dernier voïage qu'il
a faict à Angoulesme le iour de Pasques, il n'a
cherché les moïens de parler au Roy, qui démons-
tre assez qu'il estoit parti en ceste résolution de
faire ce qu'il a faict :

A dict qu'il est véritable.

Enquis si le iour de Pasques et iour de son partement, il fist la saincte Communion :

*A dict que non, et qu'il l'auoit faicte le premier
dimanche de Caresme, mais néantmoins qu'il feist
célébrer le sainct sacrifice de la saincte Messe en
l'Église Sainct-Paul d'Angoulesme, sa paroisse,*

comme se recognoissant indigne d'approcher du
très-sainct et très-auguste Sacrement plain de mys-
tères des incompréhensibles vertus, parce qu'il se
sentoit encore vexé de ceste tentation de tuer le Roy,
en tel estat ne vouloit s'approcher du précieux corps
de son Dieu.

Remonstré, puis qu'il se sentoit indigne de ce
mystère qu'il a dict incompréhensible qu'elle déuo-
tion il pouuoit auoir au sainct sacrifice célébré par
le **prestre** auquel tous chrestiens participent et re-
çoiuent spirituellement ce que celuy qui consacre
reçoit réellement ;

Sur ce est demeuré pensif, et aïant un peu pensé :

A dict estre bien empesché à respondre à ceste re-
monstrance ; puis après a dict se ressouuenir que
l'affection qu'il auoit au sainct Sacrement de l'Au-
tel luy auoit faict faire, pour ce qu'il espéroit que
sa mère qui alla receuoir son Dieu en ce sacrifice
qu'il faisoit faire, il seroit participant de sa Com-
munion, la croïant depuis qu'il est au monde estre
portée d'vne plus religieuse affection enuers son
Dieu, que luy accusé, c'est pourquoy il pria lors
Dieu, et en disant les dernières paroles a ietté plu-
sieurs pleurs et larmes.

Remonstré qu'il ne pouuoit auoir de réuérance
ni de créance à la saincte Communion et sacrifice
de la Messe, parce que de longtemps il estoit faict
enfant du Diable, inuoquoit les démons qu'il a faict

5

venir deuant luy, estant logé en ceste ville, y a plus de quatre ans :

A dict que non.

Enquis s'il a cogneu un nommé Dubois de Limoges et s'ils ont logé ensemble en ceste ville, couchés en mesme chambre :

A dict que oui, deuant le Pillier vert, rue de la Harpe, au logis où a esté l'enseigne des Ratz.

S'il veult croire ledict Dubois de ce qu'il dira :

A dict que oui.

Si, estant couché auec ledict Dubois, il feist une coniuration inuoquant les démons et en quelle forme :

A dict que tant s'en fault, que ce que luy demandons soit véritable, qu'au contraire il n'estoit couché en mesme chambre que ledict Dubois, ains en vn grenier au dessus dans lequel, estant enuiron l'heure de minuit, fust prié et requis plusieurs et diuerses fois par iceluy Dubois descendre en sa chambre criant ledict Dubois par trois fois : « CREDO IN DEUM*, Rauaillac, mon amy, descend ça bas,» en s'exclamant: «Mon Dieu, aïez pitié de moy;» alors l'accusé voulust descendre pour voir qui le mouuoit à implorer son secours de la façon et auec telles exclamations, mais les personnes couchées où estoit l'accusé ne luy voulurent permettre pour la crainte et fraïeur qu'ils eurent, de sorte qu'il ne*

descendit point parler audict Dubois, que longtemps
après que ledict Dubois luy dict qu'en la chambre
au dessoubs de l'accusé il auoit veu vn chien noir
d'excessiue grandeur et fort effroïable, qui s'estoit
mis les deux premiers pieds sur le lict, où seul il
estoit couché, dont eust telle peur de ceste vision
qu'elle l'auoit meu à faire telles exclamations et
d'appeler l'accusé pour luy tenir compagnie en sa
peur; ce que aïant entendu l'accusé auroit le len-
demain matin donné aduis audict Dubois que pour
renuerser ces horribles visions il debuoit auoir re-
cours à la célébration du sainct Sacrement de
l'Autel, faisant dire la saincte messe, ce qu'il feist,
et furent ensemble le lendemain matin au couuent
des Cordelliers faire dire la saincte messe pour at-
tirer la grace de Dieu et le préseruer des visions
de Satan, ennemi commun des hommes.

Remonstré qu'il n'y a apparence que ledict Dubois
l'ait appelé d'en hault et qu'il eust ouy sa voix:

A dict que c'est chose triuialle commune que
l'vne des propriétés de la voix est de monter en
hault et que de peur que n'adioustions pas de foy
à ses responces, ceste vérité seroit attestée par
ceulx qui estoient en la chambre où il estoit cou-
ché, qui l'empeschèrent de descendre parler audict
Dubois, qui estoient l'hostesse de la maison Marie
Moisneau et vne sienne cousine le Blond qui es-
toient en la chambre où l'accusé estoit, le priant
n'y aller à cause qu'elles auoient entendu vn grand

bruict qui s'y estoit faict, occasion pour laquelle il
y auoit couché et quitté la chambre dudict Dubois
ou auparauant couchoit.

Remonstré qu'il n'a point eu de voulonté de changer son malheureux dessein, ne voulant receuoir
la Communion le iour de Pasques, parce que ce
eust esté le vray moïen de la diuertir, duquel moïen
n'aïant usé ains esloigné de la saincte Communion,
il a continué en sa mauluaise entreprinse :

A dict que ce qui l'empescha de communier fust
qu'il auoit prins ceste résolution le iour de Pasques
venir tuer le Roy, ne voulant pour ceste raison
communier réellement et de faict au précieux corps
de Nostre Seigneur, mais auroit oï la saincte messe
auant que partir, croïant que la Communion réelle
que sa mère faisoit ledict iour estoit suffisante pour
elle et pour luy, et aussi requist à Dieu comme il
requiert maintenant et iusques à sa mort qu'il soit
faict participant de toutes les sainctes Communions
qui se font par les religieux et religieuses, sœurs
et bons séculiers et aultres qui sont de l'Eglise Ca-
tholique, Apostolique et Romaine, communiant en
la foy de nostre saincte Eglise le précieux Corps de
Nostre Sauueur et Rédempteur, que la réception
qu'ils en font luy soit attribuée comme croïant estre
l'vn des membres auec eulx en vn seul Iésus-Christ.

Remonstré que luy aïant ceste meschante intention de commettre cest acte il estoit en pesché et
en danger de damnation et ne pouuoit participer à

la grace de Dieu et Communion des fidèles chrestiens tant qu'il auoit ceste mauuaise volonté, dont
se debuoit départir pour estre en la grace de
Dieu comme catholique et fidel chrestien qu'il se
veult faire croire :

*A dict qu'il ne faict pas difficulté qu'il n'aye
esté porté de son propre mouuement particulier,
contraire à la voulonté de Dieu, auteur de tout bien
et vérité, et contraire au Diable, père du mensonge,
mais que maintenant à la remonstrance que luy
faisons il recognoist qu'il n'a peu résister à ceste
tentation estant hors du pouuoir des hommes de
s'empescher de mal, et qu'à présent il a desclaré la
vérité entière sans rien retenir et cacher; il espéroit que Dieu tout bening et miséricordieux luy
fera pardon et rémission de ses peschez, estant plus
puissant pour dissouldre le pesché moïennant la
confession et absolution sacerdotalle, que les hommes pour l'offenser, priant la sacrée Vierge Marie,
monsieur sainct Pierre, monsieur sainct Paul, monsieur sainct François (en pleurant), monsieur sainct
Bernard et toute la cour céleste de Paradis, requiert estre ses aduocats et intercesseurs enuers sa
sacrée maiesté, afin qu'il impose sa croix entre la
mort et iugement de son ame et l'enfer, par ainsi
requiert et espère estre participant des mérites de la
passion de Nostre Seigneur Iésus-Christ, le suppliant bien humblement luy faire la grace qu'il demeure associé aux mérites de tous les trésors qu'il*

a infus en la puissance apostolique, lorsqu'il a dict : « Tu es Petrus, » *etc.*

Lecture faicte a persisté en ses responses et a signé : RAVAILLAC.

Dv vingt et vn may 1610.

Le Geollier a faict dire qu'il auoit ouy dire du prisonnier chose importante.

Sur ce mandé par serment :

A dict qu'hier soir sur les sept à huit heures, portant à souper au prisonnier auec l'vn de ses gens, y estant les deux archers qui le gardent, luy demanda ledict Geollier, où il estoit quand le Roy partit du Louure, luy dict le prisonnier qu'il estoit en la salle où se mettent les Laquais; et s'enquérant qui luy auoit faict faire, dict : C'est vn grand que ie ne vous diray pas, mais à la Cour demain, et ne m'en pourray dédire,, comme ie feray recognoistre sur mon corps.

Mandé le nommé . . . . . . archer; prins le serment.

A dict comme ledict Geollier, et que sa mère auoit vne semblable marque par le moïen de laquelle ne

s'en pouuoit dédire, et que voïant le Roy arresté,
vist quelque chose qui luy dict : « Il est temps. »

Ouy par serment le nommé .... aussi archer
du Préuost de l'hostel :

A dict comme le Geollier, et qu'il estoit obligé à
faire le coup par vne marque que luy et sa mère
auoient, et que cela venoit du ciel, qu'il le diroit à
la Cour...

CONFRONTATION

De Tesmoins faicte par nous, Achilles DE HARLAY, Chevalier, Premier Président, Nicolas POTIER, Président, Prosper BAVIN et Jehan COVRTIN, Conseillers en la Cour.

D'v vingt-six may 1610, neuf heures du matin, au Palais.

Confronté Paul Noster, exempt des gardes, le serment par luy faict, se sont reconnus, disant l'accusé que c'est celuy qui le mist prisonnier, et le tesmoin que c'est le prisonnier qu'il print.

L'accusé admonesté de reprocher et adverty de l'ordonnance que luy auons faict entendre :

A dict ne le vouloir reprocher.

Lecture faicte de sa déposition, le tesmoin y a persisté, et l'accusé a recogneu qu'elle est véritable, et ont signé ainsy :

Signé : RAVAILLAC. — PAVL NOSTER.

———

Confronté Iacques du Pluuier, escuïer, s^r de Sainct Michel, etc.

Le serment de luy prins...

———

Confronté Iérôme de la Robie, escuïer du Roy, etc.

Le serment de luy prins...

L'accusé desclare ne les vouloir reprocher et ont signé.

———

Confronté Gamaliel Edouard, valet de pied du Roy...

Le serment de luy prins...

L'accusé dict qu'il le recognoist pour estre valet de pied du Roy, mais ne sçauoir si c'est luy qui l'a prins après auoir commis l'acte et ne le vouloir reprocher, aduerty de l'ordonnance.

Et ont signé...

———

Confronté Pierre Dubois....

Le serment de luy prins;

Lecture faicte de sa déposition, le tesmoin y a persisté, et l'accusé a recogneu qu'elle est véritable ; mais que ce fust par son aduis que le tesmoin auoit esté aux Cordelliers, où il l'assista, et ont signé ainsy :

RAVAILLAC. — DVBOIS.

ARREST

De la Cour de Parlement, contre le tres-
meschant parricide François Rauaillac.

EXTRAICT DES REGISTRES DE PARLEMENT.

Ev par la Cour, les Grand'Chambre, Tournelle et de l'Edict, assemblées, le procez criminel faict par les Présidens et
Conseillers à ce commis, à la requeste
du Procureur général du Roy, à l'encontre de *Fran-*
çois Rauaillac, Praticien de la ville d'Angoulesme,
prisonnier en la Conciergerie du Palais; Information, Interrogatoire, Confessions, Dénégations,
Confrontations de tesmoings, Conclusions du Procureur général du Roy; oy et interrogé par ladicte
Cour, sur les cas à luy imposez, procez verbal des
interrogatoires à luy faicts à la question, à laquelle
de l'Ordonnance de ladicte Cour auroit esté appli-

qué le 25 de ce mois, pour la réuélation de ses complices, tout considéré.

DICT A ESTÉ que ladicte Cour a desclaré et desclare ledict Rauaillac deuëment atteint et conuaincu du crime de leze Maiesté, diuine et humaine, au premier chef, pour le tres-meschant, tres-abominable, et tres-détestable parricide, commis en la personne du feu Roy HENRY IIIIᵉ, de tres-bonne et tres-loüable mémoire. Pour réparation duquel l'a condemné et condemne faire amende honorable deuant la principale porte de l'Eglise de Paris, où il sera mené et conduit dans vn tumbereau, là nud en chemise, tenant vne torche ardente du poids de deux liures, dire et desclarer que malheureusement et proditoirement il a commis ledict tres-meschant, tres-abominable, et tres-détestable parricide, et tué ledict Seigneur Roy, de deux coups de cousteau dans le corps, dont se repend, demande pardon à Dieu, au Roy, et à Iustice; de là conduict à la place de Grèue, et sur vn eschafaut qui y sera dressé, tenaillé aux mammelles, bras, cuisses, et gras des iambes, sa main dextre y tenant le cousteau duquel a commis ledict parricide ards et bruslez de feu de souffre, et sur les endroits où il sera tenaillé, ietté du plomb fondu, de l'huille boüillante, de la poix raisine bruslante, de la cire et souffre fondus ensemble. Ce faict, son corps tiré et desmembré à quatre cheuaux, ses membres et corps consommez au feu, reduicts en cendres, iettées au

vent. A desclaré et desclare tous et chacuns ses
biens acquis et confisquez au Roy. Ordonné que la
maison où il a esté nay sera desmolie, celuy à qui
elle appartient préalablement indemnisé, sans que
sur le fonds puisse à l'aduenir estre faict aultre
bastiment. Et que dans quinzaine après la publication du présent arrest à son de trompe et cry public en la ville d'Angoulesme, son père et sa mère
vuideront le Royaume auec deffences d'y reuenir
iamais, à peine d'estre pendus et estranglez, sans
autre forme ni figure de procez. A faict et faict deffenses à ses frères, sœurs, oncle, et aultres, porter
cy-après ledict nom de Rauaillac, leur enioint le
changer en aultre sur les mesmes peines. Et au
Substitud du Procureur Général du Roy faire publier et exécuter le present arrest, à peine de s'en
prendre à luy. Et auant l'exécution d'iceluy Rauaillac, Ordonné qu'il sera derechef appliqué à la
question, pour la réuélation de ses complices.

*Prononcé et exécuté le xxvij May, mil six cens
dix.*

Signé, VOYSIN.

PROCÈS-VERBAL

De la Question à François Rauaillac, et de ce qui se passa auant et apres le supplice de la place de Grèue.

———

Dv vingt-sept may 1610, à la leuée de la Cour, en la chambre de la Beuuette.

Pardeuant tous messieurs les Présidens et plusieurs des Conseillers, a esté mandé François Rauaillac, accusé et conuaincu du Parricide du feu Roy, auquel estant à genoulx a esté par le Greffier prononcé l'arrest de mort contre luy donné et que pour réuélation de ses complices sera appliqué à la question, et le serment de luy prins, exhorté préuenir le tourment et s'en rédimer par la recognoissance de la vérité, qui l'auoit induit, persuadé, fortifié à ce meschant acte, à qui il en auoit communiqué et conféré.

A dict, que par la damnation de son ame, n'y a eu homme, femme ni aultre que luy qui l'aye sceu.

6

Appliqué à la question des brodequins, et le premier coing mis :

S'est escrié que Dieu eust pitié de son ame, luy feist pardon de sa faulte et non pas d'auoir recelé personne, ce qu'il a réitéré auec mesmes dénégations comme il a esté interrogé.

Mis le deuxiesme coing :

A dict auec grands cris et clameurs : Ie suis pescheur, ie ne scay aultre chose, par le serment que i'ay faict et doibs à Dieu et à la Cour, ie n'en ay parlé que ce que i'ay dict au petit Cordellier, soit en confession, ou aultrement, n'en a parlé au gardien d'Angoulesme, ne s'est confessé en ceste ville et que la Cour ne le feist désespérer.

Continuant de frapper le deuxiesme coing :

S'est escrié : Mon Dieu, prenez ceste pénitence pour les grandes faultes que i'ay faictes en ce monde : o Dieu, receuez ceste peine pour la satisfaction de mes peschez, par la foy que ie doibs à Dieu, ie ne scay aultre chose et ne me faictes désespérer mon ame.

Mis au bas des pieds le troisiesme coing, est entré en sueur uniuerselle et comme pasmé, luy aïant esté mis du vin à la bouche, ne l'a reçeu, la parole luy faillant, a esté relasché et sur luy ietté de l'eau, puis faict prendre du vin ; la parole reuenue, a esté mis sur vn matelas au mesme lieu, ou a esté iusques à midy, que la force reprinse, a esté conduit à

la chapelle par l'exécuteur qui l'a attaché, et man-
dez les docteurs Filsac et Gamaches, il a eu à dis-
ner, puis auant que d'entrer en conférence auec
les docteurs, par le greffier a esté admonesté de
son salut par la nue recognoissance de la vérité,
qui l'auoit poussé, excité et fortifié ou induict à
ce qu'il auoit commis et de si long temps proiecté,
qu'il n'y auoit apparence qu'il eust conceu et entreprins luy seul et sans en auoir communiqué :

*A dict qu'il n'est si misérable de retenir s'il sçau-
oit plus que ce qu'il a desclaré à la Cour, sçachant
bien qu'il ne peust auoir la miséricorde de Dieu
qu'il attend s'il retenoit à dire, et n'eust pas voulu
endurer les tourments qu'il a receus, s'il sçauoit
dauantage l'eust desclaré, bien auoit-il faict vne
grande faulte ou la tentation du Diable l'auoit
porté, prioit le Roy, la Royne, la Cour et tout
le monde de luy pardonner, faire prier Dieu pour
luy, que son corps porte la pénitence pour son
ame.*

Et plusieurs fois admonesté n'aïant faict que ré-
péter ce qu'il auoit dict, a esté délaissé aux deux
Docteurs pour faire ce qui est de leur charge.

Peu après deux heures, le Greffier mandé par les
deux Docteurs, luy ont dict :

*Que le condamné les auoit chargés le faire venir,
pour luy dire et signer comme il entendoit que sa
confession fust réuélée, mesmes imprimée, afin
qu'elle fust sceue par tout; laquelle confession*

iceulx Docteurs ont desclaré estre que aultre que luy n'auoit faict le coup, n'en auoit esté prié, sollicité ni induict par personne ni communiqué, recognoissant comme il auoit faict en la cour auoir commis vne grande faulte dont il espère la miséricorde de Dieu plus grande qu'il n'estoit pescheur, et qu'il ne s'y attendroit s'il retenoit à dire.

Sur ce par le Greffier ledict condamné requis de la recognoissance et confession qu'il vouloit estre sceue et réuélée, de rechef admonesté de recognoistre la vérité pour son salut :

Dict auec serment qu'il auoit tout dict, que personne du monde ne l'auoit induict et n'en auoit parlé ni communiqué à aultres qu'à ceulx qu'il a nommés au procès.

Incontinent après trois heures tiré de la Chapelle pour sortir la Conciergerie, les prisonniers en multitude et confusion auec iniures, *meschant, traistre,* et aultres semblables, l'ont voulu offenser sinon que les archers et aultres officiers de la iustice présens pour la main forte et en armes les ont empeschez.

Sortant la Conciergerie pour monter au tumbereau et y estant, le peuple de tous costez et en si grand nombre qu'il estoit difficile aux archers de passer, s'est mis à crier, les vns, *meschant,* les aultres, *parricide,* les aultres, *le traistre,* les aultres, *le meurtrier,* et aultres parolles d'indignation

et opprobres, et s'efforsant plusieurs de l'offenser
et se ietter sur luy, dont la force les a empeschez;
après un long *Paix-là!* et l'*ors-Escoutez!* *de par le*
Roy (dict par trois fois), on se tut pour escouter l'arrest ; mais à ces mots : *tué le Roy de deux coups de*
cousteau, recommencé leurs cris à plus haulte voix,
et les mesmes opprobres qui ont continué iusques
à l'Eglise de Paris où la clameur et cris ont esté
semblables à la lecture de l'arrest, qui a esté là exécuté pour l'amende honorable ; puis conduict à la
Grèue, receuant en cheminant les mesmes iniures
et clameurs d'indignation du desplaisir de tous,
plusieurs se voulant ietter sur luy (1).

Le cri faict à la Grèue, avant que descendre du
tumbereau pour monter sur l'eschaffault, encore
admonesté, *a réitéré les précédentes desclarations et*
prières au Roy et à la Royne, et à tout le monde,
de luy pardonner la grande faulte qu'il auoit faicte
et faire prier Dieu pour luy ; le peuple continuant
ses clameurs d'iniures et d'indignation contre luy.

Monté sur l'eschaffault y a esté consolé et exhorté
par les Docteurs, qui aïant faict ce qui estoit de
leur profession, le Greffier d'abondant l'a exhorté,
finissant la vie, penser à son salut par la nue vé-

---

(1) Mesme plusieurs tant hommes que femmes se voulurent
se ietter sur luy dans le tumbereau et l'eussent faict s'ils n'en
eussent esté retenus par les archers. (*Procès*, etc., 1610.)

rité, à quoy n'a voulu dire que ce qu'il auoit dict au précédent.

Le feu mis à son bras, sa main droitte percée de part en part d'un cousteau rougi au feu de soufre ; ensuite on luy deschira les mammelles et le gras des iambes avec des tenailles rouges qui luy firent faire des cris..... tenant le cousteau s'est escrié : *Adieu* (ah ! Dieu !), et plusieurs fois dict : *Iésus Maria ;* par après tenaillé, il a réitéré les cris et prières, faisant lesquelles plusieurs fois admonesté à recognoistre la vérité, n'a dict que comme au précédent et le peuple auec grand rumeur crié et répété les opprobres et iniures, disant *qu'il le falloit là laisser languir,* puis aux interualles le plomb fondu et huille iettés sur les plaies où il auoit été tenaillé a continué fort haultement ses cris.

Sur ce les Docteurs luy ont de rechef parlé, et à ce faire invitez par le Greffier, ont voulu faire les prières accoustumées pour le condamné, se sont debout descouuerts et commencé publiquement, mais tout aussitost le peuple en turbe et confusion a crié contre eulx, disant *qu'il ne falloit point prier pour ce meschant et condamné,* et aultres parolles semblables, telles qu'ils ont esté contraincts cesser.

Et lors le Greffier luy a remonstré comme la grande indignation du peuple estoit le iugement contre luy, qui l'obligeoit à se disposer de tant plus à la vérité, il a continué, dict : *Il n'y a que moy qui l'aye faict.*

Faict tirer les cheuaux enuiron demie heure, par
interualle arrestez, enquis et admonesté, a per-
séuéré en ses desnégations; et le peuple de toutes
qualités qui là estoient proche et loing, continué
ses clameurs et tesmoingnages de ressentiment du
malheur de la perte du Roy, plusieurs mis à tirer
les cordes auec telle ardeur que l'vn de la noblesse qui estoit proche, a faict mettre son cheual
au lieu de l'vn de ceulx qui estoit recreu (1), et
enfin par vne grande heure tiré sans estre desmembré, a rendu l'esprit, et lors desmembré, le
peuple de touttes qualitez se sont iettez auec es-
pées, cousteaux, bastons et aultres choses qu'ils
tenoient, à frapper, couper, deschirer les membres,
ardemment, mis en diuerses pièces, rauis à l'exécuteur, les traisnant qui çà qui là par les rues de
tous costez auec telle fureur que rien ne les a peu
arrester, et ont esté bruslés en diuers endroits de la
ville.

Quelques manans des enuirons de Paris aïant
trouué le moïen d'en auoir quelques lopins et aulcuns des entrailles, les traisnèrent brusler iusques
en leurs villages. Ainsy finist ce misérable, qui estoit de taille assez haulte, puissant et gros de membres, aïant le poil de la couleur de roux noir,
comme on dict auoir esté celuy de Iudas : on l'a depuis ainsy appelee *couleur à la Rauaillac.*

---

(1) *Recreu* : lassé, fatigué. (Roquefort.

NOTES

L'ARREST fust prononcé au criminel condamné le 27 may 1610, et ensuite exécuté
le même iour. On luy donna les brodequins auant de le conduire au suplice,
qui luy feirent faire des cris plus aigus que ceulx
qu'il fist à la première torture, mais on ne pust
encore tirer aulcune desclaration de sa bouche.
Au premier coing qui fust frappé, il dict auec de
haults cris que Dieu eust pitié de son ame et luy
fict pardon de sa faulte; le second coing fist cesser le
tourment parce qu'il tomba en syncope, et le
Bourreau un moment après se saisit de luy; il fust
mené à la chapelle où il fust assisté des deux docteurs de Sorbonne Fillesacq et Gamaches pour se
disposer à mettre sa conscience en règle et à receuoir les secours de la miséricorde de Dieu; il leur
dict qu'il entendoit que sa confession fust reuelée

et rendue publicque, afin que chacun sceut que nulle personne que luy ne l'auoit sollicité à faire ce parricide. Les deux Docteurs en feirent haultement la desclaration ; le Greffier la porta ensuite sur son registre.

Il sortit sur les trois heures de la chapelle, à la vue de tous les prisonniers, qui sans doute l'au-roient estranglé, si l'on n'y auoit mis ordre promp-tement, attendu que son assassinat auoit empesché qu'ils ne feussent tous deliurés des fers au iour d'en-trée de la Royne.

Ce malheureux croioit que le peuple debuoit en-core luy sçauoir bon gré du coup fatal qu'il auoit porté au Roy ; et quand on donna ordre aux ar-chers d'empescher qu'il ne fust offençé dans les ruës par la populace, il respondict auec orgueil qu'on n'auoit garde de le toucher ; mais il fust bien estonné quand au sortir de la Conciergerie, dans la cour du Palais, le long des chemins où il passoit, il entendict vomir feux et flammes contre luy auec des imprécations et des blasphêmes exécrables.

On le mena ensuitte deuant la grande porte de Nostre-Dame, où il fist amende honorable, les ge-noulx prosternés contre terre ; il baisa le bout de la torche en signe de repentance, et de là il fust conduict en la place de Grèue où il trouua presque toutte la ville de Paris qui estoit accourue pour y voir l'exécution de son suplice ; il y vist aussi les Princes, Seigneurs, Officiers de la Couronne et du

Conseil qui estoient dans les grandes salles pour le voir. *(Var. ms.)*

Le Preuost de Pluuiers ou Petiuiers, ville en Beausse, esloignée de Paris de deux iournées, accusé d'auoir dict le même iour que le Roy fust tué : *Auiourdhuy le Roy est tué ou blessé*, estant amené prisonnier à Paris, fust trouué mort et estranglé dans la prison auec le cordon de son caleçon ; il fust pendu par les pieds le 19ᵐᵉ iuin en la place de Grèue. *(Mercure François*, 1ᵉʳ vol., p. 494.)

L'Anti-Coton a dict depuis que ce Preuost estoit Iésuiste de faction, et leur auoit donné son fils, qui estoit Iésuiste encores.

Le *Remerciement des Beurrières* dict qu'il auoit deux fils Iésuistes.

EXTRAIT

Des Registres du Parlement.

A Cour, les Grands-Chambres Tournelles et de l'Edict, assemblées, procédant au iugement du procès criminel extra-ordinairement faict à la requeste du Procureur Général du Roy, pour le très-meschant, très-détestable et très-cruel parricide, commis en la personne sacrée du feu Roy Henry IV, ouy sur ce ledict Procureur Général du Roy, a ordonné et ordonne : qu'à la diligence du Doïen et Syndics de la faculté de Théologie ; ladicte faculté sera assemblée au premier iour pour déliberer ; ouy la confirmation du decret d'icelle du 13 décembre 1413, et résolu par censure de 141 Docteurs de ladicte Faculté, depuis autorisée par le concile de Constance, qu'il n'est loisible à aulcun que ce puisse estre d'attenter aux personnes sacrées des Roys et aultres Princes souuerains, et que ledict décret

qui interuiendra dans ladicte assemblée, sera sous-
signé de tous les Docteurs de ladicte Faculté aïant
assisté à la délibération, ensemble par tous les Ba-
cheliers qui sont au corps de théologie, pour ledict
décret estre communiqué audict Procureur Général
du Roy et veu par la Cour, estre par icelle ordonné
ce que de raison.

Faict en Parlement, le 27 may 1610.

COPIE D'UN PLACARD

Imprimé, distribué et affiché dans Paris quelques jours après l'exécution de Ravaillac, portant copie de l'arrêt du Parlement, et donnant la relation du supplice (1).

ARREST CONTRE LE TRES MESCHANT PARRICIDE FRANÇOIS RAVAILLAC.

L'HORRIBLE monstre de nature François Rauaillac, natif d'Angoulmois, suscité par les furies d'enfer, aïant mal-heureusement et proditoirement tué de deux coups de cousteau, dans le corps de defunct Roy Henry IV, de tres-bonne et tres-loüable mémoire, en la ville de Paris, le vendredy quatorziesme iour de may mil-six cent-dix ; il fust incontinent apprehendé, son proces luy fust faict et parfaict

---

(1) Cette pièce étant, nous le croyons, totalement inconnue, nous avons pensé devoir la publier intégralement.

par Messieurs de la Cour de Parlement, et apres
auoir esté appliqué à la question, le vingt-cin-
quiesme dudict mois, il fust donné arrest de mort
contre luy le vingt septiesme iour du mesme mois
de may, par lequel fust declaré deuëment attaint et
conuaincu du crime de Leze Maiesté diuine et humaine au premier chef. Et pour reparation d'iceluy, il fust condamné à faire amende honorable
deuant la principalle porte de l'Eglise de Paris, nud
en chemise, tenant vne torche ardente du poids
de deux liures, et de là estre conduit en la place
de Grèue, et sur vn eschaffault estre tenaillé aux
mamelles, bras, cuisses et gras des iambes, sa
main dextre tenant le cousteau duquel il auoit commis ledict parricide, arse et bruslée de feu de
soufre, et sur les endroicts où il seroit tenaillé,
estre ietté du plomb fondu, de l'huille boüillante,
et de la poix raisine bruslante, de la cire et souffre
fondus ensemble : ce faict, son corps estre tiré et
desmembré à quatre cheuaux, ses membres et corps
consommez au feu et réduits en cendre, qui seroient
iettées au vent. Aussi par mesme arrest tous et chacuns ses biens furent déclarez acquis et confisquez
au Roy : et oultre fust ordonné que la maison, où il
estoit nay, seroit démolie, celuy à qui elle appar-
tenoit prealablement indemnisé, sans que sur le
fonds il pust à l'aduenir estre faict aultre bastiment.
Que dans quinzaine apres la publication dudict
arrest à son de trompe et cry public en la ville
d'Angoulesme, son pere et sa mere vuideroient le

Royaume, auec deffenses d'y reuenir iamais, à
peine d'estre pendus et estranglez, sans aultre
forme ni figure de procés : et deffenses faictes à ses
frères, sœurs, oncles et aultres de porter cy-après
le nom de Rauaillac, leur enioignant le changer
en vn aultre, sur les mesmes peines : et au Substitut de Monsieur le Procureur General du Roy, de
faire publier et executer ledict Arrest, à peine de
s'en prendre à luy : et auant l'execution d'iceluy,
ordonné qu'il seroit derechef appliqué à la question pour la réuélation de ses complices. Lequel
Arrest luy fust prononcé et exécuté le mesme iour,
en la présence d'vn nombre infiny de peuple de diuers ages, sexes et qualitez : et tout le peuple par
des iniures, conuices (1), huez, imprecations, male-
dictions, et execrations proferez unaniment contre
le traistre parricide, monstra combien il regrettoit
la mort funeste du deffunct Roy, et combien la punition de cest horrible crime luy estoit agreable.
Car lors que ce misérable estoit au milieu des supplices et hurloit de douleur, tous les assistans s'en
resiouissoient, disans qu'il n'estoit encores assez
tourmenté selon ses démérites, et refusant de prier
Dieu pour luy comme en estant indigne : ains qu'il
meritoit d'estre condamné éternellement au feu
d'enfer, comme vn Cayn et Iudas, et remarquable
l'affection d'vn Gentil-homme qui se trouua là

---

(1) *Outrages, injures.* (Roquefort.)

7

monté sur vn puissant et fort cheual, lequel voyant
qu'vn des cheuaux destinés pour le supplice tiroit
laschement, mist pied à terre, et ostant la selle de
son cheual, l'attache luy-mesme à vn des membres
de ce mal-heureux, qui fust quelque temps après
escartelé. Et le reste du iour on veit grande partie
du menu peuple qui traisnoient par les bouës et
fanges en diuers endroits de la ville, les pièces et
parties du corps de ce traistre qu'ils auoient tirées
du feu et d'entre les mains de l'exécuteur de la
haute Iustice, monstrant par ces actes extérieurs
la grande et sincère affection qu'ils portoient au
deffunct Roy, nostre pere commun et le protecteur
de l'Estat, auquel Dieu fasse paix et misericorde (1).

---

(1) Ce placard était surmonté d'une curieuse gravure sur bois,
marquée du monogramme L G (peut-être Léonard Gaultier),
renfermé dans une sorte d'écusson, et représentant le *traistre et
parricide Rauaillac* donnant le coup de coutcau fatal : cette
pièce, très-curieuse au point de vue iconographique, était tron-
quée si malheureusement, qu'il nous a été impossible de la repro-
duire ; mais nous donnons ici une pièce de vers qui suivait le
récit de l'exécution, sorte de complainte inspirée à un poëte po-
pulaire par ce tragique événement: en France, on le sait, l'vn ne
va pas sans l'autre.

DISCOVRS EN VERS

Sur la rencontre de l'anagramme du parricide François Rauaillac, Praticien d'Angoulesme.

AUTELEUX Practicien, nourry auec cautelle,
Tu cuidois nous troubler, et engendrer querelle,
Dieu mercy nous viuons trestous en bonne paix :
Mes toy meschant damné, tu vis et te repais
De tourmens infernaux, deubs à ton demerite,
Desloyal, detestable, inhumain plus qu'vn Scythe,
Qui ne voudroit auoir en rien imaginé
D'auoir désobéy à son Roy couronné.

Et toy peruers infect, tu osas entreprendre
D'assassiner le nostre, et iceluy surprendre,
D'vn courage felon le blesser d'vn cousteau,
Le voïant deuisant, en pourpoint, sans manteau,
Auec quatre Seigneurs, aymans trestous sa gloire,
L'vn l'autre résolu de suiure la victoire
Qu'il auoit entreprins, à vne bonne fin,
Laissant entre nos mains son excellent Dauphin.

C'est faict, tu l'as occis, maudict soit ta naissance,
Pere, mere et parens, qui ont faict ton engence,
Si est-ce qu'il repose au nombre des benicts,
Et toy, meschant Cayn, auecques les maudicts,
Qu'à ta condition, mesmes portent enuie,
Et voudroyent que la leur n'eussent iamais suiuie.
Hélas ! Démons, Sathans, puis que vous le tenez,
Faictes luy donc souffrir plus qu'à tous les damnez.

Sy renuoyer pouuiez ceste ame tant peruerse,
Nous luy appliquerions aultre peine diuerse,
A celle qu'il receut de la main du bourreau,
Quand il exécuta ce traistre vipereau.
Hà ! meschant Iscariot, tu es par anagramme
Prouué de cauteleuse, et d'vne infidelle'ame,
Qui sont deux qualitez de personnes sans loy,
Ton nom aussi t'accuse, A CAUILLAR (1) SANS FOY.

---

(1) *Cauiller :* tromper, calomnier. (Nicot.)

LISTE SOMMAIRE

DES

PRINCIPAUX OUVRAGES, PAMPHLETS & OPUSCULES

Publiés en 1610 et années suivantes

A L'OCCASION DE LA MORT DE HENRI IV.

Nous n'avons pas la prétention ni l'espoir de donner une liste bien complète des innombrables pièces et brochures écrites, tant en France qu'à l'étranger, à l'occasion du déplorable attentat du 14 mai 1610. Les obstacles que rencontre un modeste travailleur, quand il veut puiser dans les trésors littéraires qui se trouvent enterrés dans nos établissements publics; l'extrême difficulté que présente un travail de collation et de vérification, quand il s'agit d'une immense quantité de plaquettes rares ou de feuilles détachées difficiles à trouver sur les rayons ou dans les cartons, sont de nature à rebuter le chercheur le plus infatigable. Heureusement il nous restait l'excellent ouvrage du P. Lelong et l'innombrable série des catalogues anciens et modernes; nous avions également le secours d'une riche et nombreuse bibliothèque, que son propriétaire met tout entière à notre disposition avec une bonne grâce parfaite.

Quant aux pièces manuscrites qui traitent de ce grave événement, pièces dont le détail aurait complété ce travail, il nous a fallu, à notre grand regret, renoncer à nous en occuper. On le comprendra facilement, et l'on nous excusera peut-être, quand on saura qu'indépendamment des autres fonds, sous les nos 390–459 de la collection de M. de Fontanieu, réunie à la Bibliothèque impériale, on ne conserve pas moins de soixante-dix portefeuilles in-4o de manuscrits relatifs au règne et à la mort de Henri IV.

Nous n'avons pas cru devoir joindre à cette liste la description des ouvrages généraux dans lesquels l'attentat de Ravaillac se trouve raconté, commenté et analysé dans ses détails et ses conséquences, tels que les *Histoires* de Péréfixe, P. Matthieu, Mézeray, Daniel, Boulenger; les *Lettres* d'Estienne et Nicolas Pasquier; les *Mémoires* de Sully, Pierre Jeannin, Moers, Bassompierre, Vittorio Siri, Duplessis-Mornay, Condé, Fontenay-Mareuil, Pontchartrain, d'Estrées, d'Avrigny, Mergey, d'Escovas, Mercœur; le *Mercure français*, etc., etc. Nous n'avons voulu citer que les ouvrages spécialement consacrés au récit et aux détails de cet important fait historique, et nous les avons divisés ainsi qu'il suit :

1o *Récits de l'attentat, Procès, etc. ;*

2o *Oraisons funèbres, Éloges, Funérailles ;*

3o *Poésies, Dithyrambes, Épithalames ;*

4o *Pièces pour ou contre les Jésuites ;*

5o *Pamphlets et Pièces diverses.*

Ce petit travail bibliographique, assez à la mode aujourd'hui, sera complété bientôt, nous l'espérons, grâce aux recherches et aux communications des savants et complaisants correspondants du journal publié par M. Auguste Aubry, l'éditeur de ce modeste livre.

1° RÉCITS DE L'ATTENTAT ; PROCÈS, ETC.

Discours sur le Trespas de Henry-le-Grand, par Estienne de Molar.

Lyon, Cl. Morillon, 1610, in-8.

Discours sur la vie et la mort de Henry-le-Grand, par Guillaume du Peyrat, aulmosnier du Roy.

Paris, Chevalier, 1610, in-8.

Réimp. l'année suivante, même format.

Relazione Pietosa alla Francia della morte del Glorioso et invitto Re Christianissimo Henrico quarto di Francia et di Navarra, trad. di francese in italiano per Alberto Mureti.

In Firenze, per Volcmar, 1610, 2 f. in-4.

La même pièce fut publiée en même temps à Flo-

rence pour être placardée dans les rues, sur une
seule page in–4 à deux colonnes.

Relation de l'assassinat de Henri IV.

S. L. 1610, in–8 ; en allemand.

*Arrest de la Cour du Parlement contre le tres-
meschant parricide François Rauaillac.*

Paris, Morel, 1610, 2 p. in–8.

*Arresto et sentenza della Corte di Parlamento
contra lo sceleratissimo Patricida Francesco
Rauaillac,* trad. di francese in toscano.

In Firenza, per Volemar Timan, 1610, 2 p. in–4.

*Arrest du Parlement contre le tres-meschant par-
ricide François Rauaillac,* auec vn brief som-
maire de tous ceulx qui ont par cy-deuant attenté
contre la personne de Henry IV.

Rouen, Jean Petit, 1610, pet. in–12.

Une autre édition fut donnée à Lyon, la même
année, in-8, chez B. Ancelin.

*Supplice, mort et fin ignominieuse du parricide
inhumain et desnaturé François Rauallot* (sic).

Lyon, Jonas Gautherin, 1610, in–8.

*Relatione del supplitio et morte di Francesco Ra-
uallat* (sic), l'anno 1610.

In Venetia, Alberti, 1610, in–8.

Lettre contenant ce qui s'est passé tant à Paris qu'à Sainct-Denys, les 13, 14 et 15 de may.
Lyon, 1610, in-8.

Le Praticien démembré ou *Rauaillac sur l'eschaffaut.*
S. L. 1610, in-8.

Discours lamentable sur l'attentat et parricide commis contre la personne du Roy Henry IV, par Pierre Pelletier.
Paris, Huby, 1610, in-8.

Procès, Confessions et Négations de Rauaillac sur la mort d'Henry IV.
Paris, 1611, in-8.

Discours sur la mort de Rauaillac, exécuté à Paris, le 27 de may 1610.
Lyon, 1610, in-8.

Discours sur la mort de Henry IV, par Iacques de la Fons.
Paris, 1610, in-8.
Deuxième édition donnée la même année.

L'Epitèthe d'honneur de Henry-le-Grand, où sont représentées les plus grandes actions de sa vie, et son lamentable trespas; ensemble ses obsèques, par André du Chesne.
Paris, 1610, chez Jean Petit-Pas, in-8.

Histoire de la mort déplorable de Henry IV; en-

semble vn poëme, vn panégyrique, vn discours
funèbre et vn éloge, par P. Matthieu.

Paris, Guillemot et Thiboust, 1613, in-8.

La première édition de cet ouvrage fut publiée à
Paris, en 1611, in-fol.; la seconde, *Jouxte l'exempl.*
imprimé à Paris, 1612, pet. in-8; la troisième,
chez la Vᵉ Guillemot, à Paris, 1612, pet. in-8.
Fig.

Historia della morte d'Henrico quarto, Re di
Francia e di Navarra, per P. Matthieu. histo-
riogr. di Francia, trad. di franćese in italiano da
I. Bernard de la Raffarderie.

In Modona, 1615, pet. in-8, 143 p.

Relation faite par maistre Jacques Gillot de ce qui
se passa au Parlement au sujet de la Régence.

Cette relation très-circonstanciée fut publiée pour
la première fois dans le *Traité de la majorité de nos*
Rois et des Régences du Royaume, de Dupuy.

Amsterdam, 1722.

J. Gillot, doyen de la cathédrale de Langres, fut
l'un des auteurs de la *Satire Ménippée*.

Dueil sur la mort de Henry-le-Grand, Roy de
France et de Navarre, par Timothée Le Mercier,
sieur de la Herodiere.

Sedan, Jannon, 1616, in-12.

Explication des articles et chefs d'accusation de
crime de Leze-Maiesté, au subiect du parricide
de Rauaillac, auec vn Commentaire sur l'Arrest
rendu contre luy en 1610, par Bougler.

Paris, 1622, in-8.

Muerte del Rey di Francia Henrique IV de Borbon.
par Juan Pablo Martir-Rizo.

En Madrid, 1625, in-8.

Manifeste de Pierre Du Jardin, etc.
Rouen, 1619, in-8.

Réimp. à Paris la même année.

*Factum de Du Jardin, contenant vn abrégé de sa
vie et des causes de sa prison, pour oster à vn
chacun les mauuais soupçons que sa détention
pourroit auoir donnés.*

S. L. Rouen, 1619, in-8.

Ces deux pièces furent réimprimées sous le titre
de : *La mort d'Henry-le-Grand, découuerte à Naples,
en l'année 1608, par Pierre Du Jardin, sieur et capitaine de la garde, natif de Roüen, destenu ès-pri-
sons de la Conciergerie de Paris.* S. L. 1619, in-4,
et à Paris, in-8, même date.

Elles furent aussi imprimés dans un *Recueil de
Pièces historiques et curieuses.* Delft. Vorburger,
1717, in-12, p. 1 et 5 ; et aux p. 487 et suiv. du
Journal de Henry III. Cologne, P. Marteau.

P. Du Jardin prétendait s'être trouvé à Naples
avec Ravaillac, qui lui aurait fait part de son intention de tuer le roi ; il en aurait aussitôt donné
avis à Sa Majesté ; il demande dans son factum à
être élargi ; ce qui lui fut accordé, ainsi qu'un bre-
vet de 600 liv. de pension, par arrêt du 12 août 1616,
lequel est imprimé au t. IV du *Journal de Henry IV.*
La Haye, 1744, in-8.

*Interrogation et déclaration de mademoiselle Des-
coman, en 1616.*

S. L., 1616, in-8.

Le Véritable Manifeste sur la mort de Henry IV, par Mlle d'Escoman.

Paris, 1616, in-8.

Jacqueline de Voyer, dite d'Escoman, femme d'Isaac de Varenne, prétendait, ainsi que P. du Jardin, avoir appris de Ravaillac, en 1609, son dessein de tuer le roi ; elle accusait de complicité la marquise de Verneuil, le duc d'Espernon et d'autres grands personnages ; elle avait, disait-elle, fait tous ses efforts pour avertir le roi et la reine, et avait prévenu le P. procureur des Jésuites.

N'ayant pu prouver juridiquement les faits qu'elle avait avancés dans sa déposition, par arrêt du 30 juillet 1616, elle fut condamnée à une prison perpétuelle.

2° ORAISONS FUNÈBRES; FUNÉRAILLES; ÉLOGES.

Esequie d'Arrigo Quarto, christianissimo Re di Francia e di Nauarra, celebrate in Firenze dal S. D. Cosimo II, Granduca di Toscana ; descritte da Giuliano Giraldi.

Firenze, Sermatelli, 1610, p. in-fol. *Fig.*

Les principaux événements de la vie du roi y sont reproduits dans une suite de 26 planches, gravées au burin par Lodov. Rosaccio.

Oratio francisci Venturii, in funere Henrici IV.
Parisiis, 1610, in-4.

Discours des somptueuses funérailles de Henry IV,
faictes par monseigneur de Tournon, en sa ville,
les 28, 29 et 30 juillet 1610: ensemble, l'oraison
funesbre dicte au mesme lieu, par le R. P. Arnoux,
Iésuite (depuis confesseur de Louis XIII).
Tournon, 1610. in-4.

*Pompe funèbre du très-chrestien... Henry-le-Grand,
Roy de France et de Nauarre ,* recueillie par
C. M. I. D. M. L. D. D. M. (Claude Morillon.)
Lyon, Cl. Morillon, 1610, in-8.

*Discours funèbre sur la mort de Henry IV, Roy
de France et de Nauarre* (par J. de Gassion.)
Ortès, Abr. Rouyer, 1610, in-8.

Portrait de Henry IV, gravé par L. Gaultier.

*Le conuoy du Cœur tres auguste de Henry-le-Grand,
Roy de France, depuis Paris iusqu'au collége de
la Flèche.*
La Flèche, Jacques Rezé, 1610, pet. in-8.

Le cœur fut déposé au Collége des Jésuites : « *Ces
Pères étoient obligés de le porter à pied, mais ils le
firent dans vn bon carrosse,* » etc. (*Journal de Henry IV,* t. IV, p. 104-107.)

*Nœnie funèbre sur la conduite du Cœur du Roy à
la Flèche.*
S. L., 1610, in-12.

Oraisons funèbres du Roy Henry-le-Grand, par Nicolas de Paris.

S. L. 1610, in-8.

Harangue funèbre, prononcée à Paris dans l'église de Saint-Méry, au seruice de Henry IIIIe, par F. N. Deslandes, de l'ordre des Frères prescheurs.

Paris, Huby, 1610, in-8.

Discours funèbre sur la mort du feu Roy, par Jean Berthaud, Euesque de Séez.

Paris, v^e l'Angelier, 1610, in-8.

Sermon funèbre faict aux obsèques de Henry-le-Grand, en l'église de Saint-Iacques-la-Boucherie, par Iacques Suarez, obseruantin portugais.

Paris, N. Dufossé, 1610, in-8.

Mausolée royal dressé pour la mémoire du Roy Henry IIII dans l'église de Saint-Iean de Lyon, par le P. Iacques Georges, de la compagnie de Iésus.

Lyon, 1610, in-8, et Paris, Chappelet, 1610, in-8.

Oraison funèbre de Henry-le-Grand, par Copeau.

Paris, Massé, 1610, in-8.

Harangue funèbre au seruice du Roy Henry-le-Grand, en l'église de Saint-Benoist, par François

Nicolas Coeffeteau, de l'ordre des Frères prescheurs, prédicateur du Roy.

Paris, Huby, 1610, in-8.

Elogium historicum Henrici IV, ex gallico latinum
factum, auctore Petro Rouerio, e societate Iesu.

Antverpiæ, Moreti, 1610, in-8.

*Orazione funebre della morte di Enrico IV, Re di
Francia,* del P. Ottavio Manfredi, Priore Agos-
tino.

Lione, Rossino, 1610, in-4.

La même Oraison funèbre, traduicte de l'italien en
françois, par F. Fassardi, Lyonnois.

Paris, Sevestre, 1610, in-8.

Discours funèbre sur la mort de Henry IV, par
Louis Poncet, recteur de la chapelle Aldo-Bran-
dine, fondée en Auignon, et secrétaire de l'Euesque de Séez.

Paris, Petit-Pas, 1610, in-8.

*Oraison funèbre récitée en la chapelle du Saint-
Père au Vatican, aux obsèques de Henry-le-
Grand, le 28 may 1610,* par Iacques Séguier de
Rhodès, trad. du latin.

Paris, Du Carroy, 1610, in-4.

*Oraison funèbre prononcée en l'église de Paris, aux
obsèques de Henry IIII,* par Philippe de Cospean,

Euesque d'Aire, premier Aumosnier et Conseiller
de la Royne Marguerite.

Paris, 1610, in-8.

Harangue funèbre sur la mort du Roy Henry IIII,
prononcée en l'église de Sainct-Estienne-du-Mont,
le 22 iuin 1610, par François-Iean Petrini.

Paris, Sonnius, 1610, in-8.

Oraison funèbre faicte à Paris, en l'église de Sainct-
Germain-l'Auxerrois, au seruice de Henry IIII,
Roy de France, par le R. P. Dominique Thibault,
frère mineur.

Paris, Huby, 1610, in-8.

Le Pourtraict royal de Henry-le-Grand, proposé à
MM. de Paris, en l'église de Sainct-Loup et de
Sainct-Gilles, le 23 iuin, pendant qu'on y célébroit
les obsèques, par dom Iean du Bois Olivier, abbé
de Beaulieu, prédicateur du Roy.

Paris, Thierry, 1610, in-8.

Discours funèbre à l'honneur de Henry-le-Grand,
par le sieur de Nernèze, Secrétaire de la Chambre
du Roy.

Paris, 1610, in-8.

Réimp. Paris, du Breuil, 1611, in-12.

Iacobi Seguerii oratio habita Romæ in funere
Henrici IV, Regis christianissimi, quinto kal.
iunii 1610.

Romæ. 1610, in-4.

Pièce rare, (Catal. Leber.)

8

Oraison funèbre sur le trespas de Henry-le-Grand,
prononcée en l'église de Sainct-Aignan d'Orléans,
le 12 *iuin* 1610, par Pierre d'Amour, Prouincial
des Iacobins.
Paris, Thierry, 1610, in-8.

Oraison funèbre du Roy Henry IIIIe, prononcée
en l'église Cathédrale de Sainct-Cyr de Neuers,
le 20 *iuin* 1610, par messire Guillaume Bonnet,
Chanoine de Neuers, Aulmosnier du Roy.
Paris, Percheron, 1610, in-8.

Oraison funèbre du Roy Henry-le-Grand, pronon-
cée le iour de son seruice dans la Cathédrale de
Poictiers, le 21 *iuin* 1610, par messire François
de la Béraudière, abbé commendataire de Nouaillé.
Paris, Rouffet, 1610, in-8.

Discours funèbre en l'honneur du Roy Henry-le-
Grand, prononcé à Paris en l'église de Sainct-
Nicolas-des-Champs, par le P. Mathieu d'Abbe-
ville, prédicateur Capucin.
Paris, Delanoue, 1610.

Oraison funèbre prononcée en l'église de Rouen,
aux funérailles de Henry IIII, le 26 *may* 1610,
par le P. François Vréuain, de la compagnie de
Iésus.
Paris, Ramier, 1610.

Discours funèbre et Epitaphe du Roy Henry IIII,
par le sieur Gouion, iurisconsulte Lyonnois.
Lyon, Julleron, 1610, in-8.

Harangue funèbre de Henry-le-Grand, prononcée en la grande église de Metz, le 21 *iuin* 1610, *par* André Valladier.

Paris, Cramoisy, 1610, in-8.

Oraison funèbre faicte aux obsèques du Roy Henry-le-Grand, en l'église Cathédrale de Troyes, le 17 *iuin* 1610, *par* Denys Latrecey, Chanoine de ladicte église.

Paris, Ramier, 1610, in-8.

Oraison funèbre prononcée en l'église Cathédrale d'Orléans aux obsèques de Henry IIII, par messire Ch. de la Saussaye, Conseiller et Aumosnier du Roy, doyen de ladicte église.

Paris, Thierry, 1610, in-8.

Discours funèbre sur la mort de Henry-le-Grand, par Pierre Fenoillet, Euesque de Montpellier.

Paris. Pierre Cheuallier, 1610, in-8.

Réimp. l'année suivante.

Oraison funèbre de Henry-le-Grand, par Iean Arnoux, Iésuite, auec la pièce latine intitulée : *Parentania.*

Paris, 1611, in-8.

Elogium duplex funebre et Historicum Henrici IIII, auct. Gaspare Ens.

Colonia, Erffens, 1611, in-4,

Discours des faicts héroïques d'Henry-le-Grand,

en forme de panégyrique, par Hierosme de Be-
neuent (*alias Beniuent*), Trésorier général des
Finances.

Paris, Haqueville, 1611, in-12.

Iacobi Lectii I. C. pro Errico IV Επιταφιος Λογος
ex typogr. Ioannis Tornas.

S. L., 1611, in-4.

*Ludouici Ligerii, in funere Henrici Galliarum Regis
Quarti.*

Hanoviæ, 1613, in-8.

*La regia tomba orationi funerali del P. D. Sera-
fino Collini, l'anno* 1615, per l'essequie celebrate
in morte di cinque principi eminenti, di Ro-
dolfo II, Imperatore, di Henrico IIII, Re di
Francia, etc.

In Napoli, 1615, in-4.

Recueil de (37) *Discours et Oraisons funèbres sur
la mort de Henry-le-Grand*, par G. du Peyrat.

Paris, 1611, in-8.

Réimp. en 1662.

*Oraison funèbre pour l'anniuersaire du feu Roy
Henry-le-Grand, prononcée en l'église de Sainct-
Thomas à la Flèche, le 4 iuin* 1611.

*Laudatio funebris in parentalibus anniuersariis
Henrici Magni,* data Flexiæ quarto junii.

Ces deux pièces, œuvres des Jésuites de la Flèche,

se trouvent dans un vol. intit. *In anniuersarium Henrici Magni obitus diem lacrynuæ Collegii Flexiensis regii, societatis Iesu.*

Flexiæ, Rez, 1611, in-8.

Autres Oraisons funèbres, prononcées en l'honneur du Roy Henry IV, par I. L. P. D., Aumosnier du Roy ;

    — Charles de Saint-Sixt, Éuesque de Riez ;

    — Gaspar Arnoulx ;

    — B. de Vias ;

    — Nicolas de Paris ;

    — Jehan de Villart ;

    — Le sieur de Chaulmont ;

    — Pierre-Louis de Catel ;

    — Muruain, etc.

———

3º POÉSIES ; DITHYRAMBES ; ÉPITHALAMES.

La Sallade des Iniquistes, ou les vers que ces rappelés ont appropriés à leur suiet auec quelques autres vers sur la mort de Henry-le-Grand et sur son cœur.

S. L., 1610, in-8.

De Cœde Henrici IV Carmen.

Parisiis, 1610, in-8.

L'heureuse entrée au Ciel du feu Roy Henry-le-Grand, noble harangue de ses louanges et sacrée prière des François pour le sacre du Roy nouveau, par Ch. de Nauières, G. S. P. R.

Paris, Pierre Mettayer, 1610, in-12.

Regrets funèbres sur la mort de Henry IV, par Charles de Rœmond, Abbé de la Frenade.

Paris 1610, in-8.

Le Temple de la Pudicité, à la **Royne-Mère.**

Paris, 1610, in-8.

Les Douleurs de Philire, sur l'horrible parricide commis sur la personne de Henry IIII,* etc. (en vers).

Villefranche, Jean le Preux, 1610, in-12; et Paris, Morel, 1610, in-12.

Stances sur le tres-cruel parricide commis en la personne de Henry-le-Grand, par Alexandre Bou-teroue.

Paris, 1610, in-4.

Les Soupirs de la France sur la mort d'Henry IV et la fidélité des Françoys.

Paris, Ramier, 1610, in-8.

Stances sur la mort de Henry-le-Grand, par Iean Malbosc, secrétaire de madame la Marquise de Saissac.

Paris, Du Cauroy, 1610, in-4 de 8 p.

De Cœde Nefaria Henrici Magni, Regis Galliarum. carmen ex poëta veteri, a Sancto-Clauerio deductum.

Parisiis, Libert. S. D., in-8.

Roberti Stephani (Roberti Filii), Odes.

Deux pièces de vers, où les Jésuites sont très-maltraités, jointes par l'auteur à une édition d'*Horace* qu'il donna en 1613, in-12, à Paris. On a réimp. la seconde de ces pièces à part, en 1764, in-12 de 4 pages.

Funus Regium... Les Obsèques du Roy.

Paris, Chevalier, 1610, in-8.

Deux poëmes sans nom d'auteur.

Larmes sur la Mémoire de Henry-le-Grand, par Iean d'Aultruy, Bachelier en Théologie et Régent de Philosophie en l'Vniuersité de Paris.

Paris, Jacquin, 1610, in-8.

Henrico Magno Lacrymæ, Io. Bonnefonii, Ioannis filii.

Parisiis, Libert, 1610, in-8.

Déploration de la mort lamentable de Henry-le-

*Grand, monstrueusement assassiné par vn gar-
nement, parricide endiablé, le 14 may 1610.*
>
> S. L. 1610, in-8.
>> Pièce rare, en vers.

*Complaincte de l'Vniuersité sur la mort du Roy
Henry, auec la Consolation des Escoliers et
l'Exhortation du Roy François, régnant à présent,* par M. Barthélemy Coquillon.
>
> Paris, Vᵉ N. Ruffet, S. D. in-8.
>> En vers.

Le Rameau de Verte-Espine.
>
> S. L. 1610, in-8.

Le Deuil de la France.
>
> S. L. N. D., in-8.

*Les Larmes et Sanglots de la désolée France, sur
la perte inestimable du tres Chrestien Henry-le-
Grand, Roy de France et de Nauarre.*
>
> Paris, 1610, in-12.
>> A la fin, une pièce de vers à la reine, par le
>> sieur du Carroy.

*Stances de mademoiselle Anne de Rohan sur la mort
du Roy.*
>
> Paris, Chevalier, 1610, in-8.
>> Pièce de 150 vers, très rare.

Funèbres Cyprès, dédiés à la Royne-Régente, sur

la mort de Henry-le-Grand, par F. Chamflour. Bénédictin.

Paris, Libert, 1610, in-8.

En vers.

Le Songe de Lucidor. où sont représentés les re-grets de Cléanthe (la Royne-Mère), *sur la mort de Théophile* (Henry IV), par le sieur de Neruèze.

Paris, du Breuil, 1610, in-12.

Réimp. *id. ibid.*, 1611, in-12.

Henrici Magni Galliæ et Nauarri Regis Manes, auc-tore Lalavanio Parisiensi.

S. L. 1610, in-4.

A l'immortelle mémoire de Henry IV, Roy de France et de Nauarre.

Dijon, Guyot, 1610, in-12.

Diræ in Parricidam, auct. Borronio.

Parisiis, 1610, in-8.

Les Imprécations et Furies contre le parricide commis en la personne de Henry IIII, traduict du latin de M. Borbonius, par I. Préuost du Do-rat, avec quelques vers sur le mesme subiect.

Paris, S. D. in-8.

Exécrations sur le parricide commis en la personne de Henry IV, etc., trad. par Chamflour.

Paris, 1610, in-8.

Stances et Regrets, par A. Cottenaille.

Paris, 1610, in-8.

Les Larmes et Lamentations de la France sur le trespas de Henry-le-Grand.

Paris, B. Hameau, S. D., in-8.

Stances sur la mort de Henry-le-Grand, etc., P. P. G. P.

Paris, 1610, In-8.

Parentalia Henrico IV°, a G. Crittonio.

Parisiis, 1610, in-8.

Panegyricus in Mariæ Mediceæ inaugurationem, auct. G. Crittonio.

Parisiis, 1610, in-8.

Christianissimo Francorum Regi Henrico IV°, Monodia Theod. Marcilii.

Parisiis, 1610, in-8.

Les Larmes et Regrets du soldat françois sur le Trespas de Henry-le-Grand.

Paris, Jean de Bordeaux, 1611, in-8.

La Chrestienté sur le tombeau de Henry-le-Grand, auec vn aduis à la France pour la conseruation de l'Estat, par le sieur Cheuallier.

Paris, J. Berjon, 1611, in-8.

La Palme sacrée de Henry-le-Grand, avec la My-thologie du vray amour et du Persée dévot; à la Royne Marguerite, Duchesse de Senlis, etc., par Hélie Garel, Angevin; en vers.

Paris, Libert, 1611, in-8.

C'est l'auteur de la tragédie de *Sophonisbe*, Bordeaux, 1607, in-8, et du poëme d'*Astrée. ibid.* S. D. in-8.

Pro Libertate ac salute Gallici imperii votum ad augustissimæ memoriæ Henricum Magnum.

S. L. 1611, in-4.

Æternæ feralis Maii Lacrymæ.

S. L. 1611, in-8.

Le Mausolée du grand Roy, poëme par Garnier.

Paris, 1611, in-8.

Anniuersaire de souspirs et de regrets.

Paris, 1611, in-8.

De Francia ab Henrici IIII interitu vindicata exer-citatio scholastica Carmine et soluta oratione, edente I. Grangier.

Parisiis, 1611, in-8.

Pastorelle pour le bout de l'an de Henry-le-Grand, par E. G. T.

Paris, Porcheron, 1611.

Recueil de diuerses Poésies sur le Trespas de Henry-le-Grand, et sur le Sacre et Couronnement de Louys XIIIᵉ, son successeur, par Guillaume du Peyrat, aumosnier seruant du Roy.

Paris, Rob. Estienne, 1611, in-4.

Beau portrait en pied de Marie de Médicis, gr. par Léonard Gaultier.

Consolation à la Royne-Regente sur la mort de tres-grand, tres-illustre et tres-puissant Prince Henry IIIIᵉ Roy de France et de Nauarre, par de Coullomby.

Paris, Claude Morel, 1611, in-4.

Pièce en vers de 12 p.

Eadem, ex Gallico in latinum versa, a Nicolao Caussino, eiusdem societatis.

Antverpiæ, Verduissi, 1613, in-4.

Henrici Magni apotheosis, auct. Iacobo Tornacio, Suessionensis Vrbis præfecto regio.

Parisiis, Durand, 1612, in-4.

La mort de Henry-le-Grand, tragédie en vers françois par Claude Billard, seigneur de Courgenay, Bourbonnois, représentée deuant la **Royne Marie de Médicis,** mère du Roy.

Paris, 1612, in-8, 42 ff.

Cette pièce rare fait partie de l'édition des Œuvres de Cl. Billard. Paris, Huby, 1612. in-8.

Elle fut réimp. en 1806, à Paris, chez Collin (in-8 de 2 ff. prél. et 94 p.), à l'occasion des attentats contre la vie de Napoléon.

Henrici Magni anagrammata quinquaginta, auct. S. d'Huruille Blesensi, cum tetrastichis in singula anagrammata et breuiario Gallico eiusdem Henrici IIII vitæ.

Parisiis, Huby, 1612, in-4.

Querimonia super acerbo funere Henrici IIII, elegiaco carmine expressa, auct. Petro de Nancel, procuratoris regii substituto.

Apotheose du tres-chrestien Roy de France et de Nauarre, Henry IVme, par Iean Préuost, aduocat en la Basse-Marche.

Pièce de vers intercalée dans les poésies du même auteur, publiées à Poitiers, chez Thoreau, 1614, in-12.

Les tragédies de Jean Prévost, imp. à Poitiers en 1614, in-12, sont : *Edipe, Turne, Hercule* et *Clotilde*.

4° PIÈCES POUR OU CONTRE LES JÉSUITES.

Les Aphorismes des Iésuistes.
S. L. 1610, in-8.

Response aux inuectiues contenues en vn liure in-
titulé : LE GRAND COLISÉE, basti d'iniures contre
les camarades et compagnons de I. C.
S. L. N. D. in-8.

Remonstrance à MM. du Parlement, sur le parricide
commis en la personne d'Henry IV.
S. L. 1610, in-8.
Pièce rare, dirigée contre le P. Coton et les Jésuites.

Lexivium pro abluendo malesano capite fabulatoris
qui cœdem Henrici IV in Iesuitas confert.
Ingolstadii, 1610, in-4.

Adieu de l'ame des Roys, auecq la Défense des
PP. Iésuistes, par la demoiselle de G. (de Gour-
nai.)
Lyon, Poyet, 1610, in-8.
Pièce fort rare.

*Pyramides duæ, vna noua de perpetrato, altera
vetus, de parricidio attentato Ignatianæ sectæ
in Henricum IV, vna cum aliis eiusmodi argu-
menti diuersorum Poëtarum Poëmat.;* hæc om-
nia in gratiam Monachorum Ignatianorum edita.

Lutetiæ Parisiorum, apud Rolandum Papam,
aº 1610, in-4.

Pièce rare et singulière de 24 p.

Complainte sur la Pyramide, en vers.

S. L. 1610, in-8.

*Physignomonia Iesuitica variis opusculis, discur-
sibus, characteribus, epigrammatibus expressa;*
studio et opere Petri de Wangen.

Lugduni, 1610, in-8.

*Consolation envoïée à la Royne-Mère, sur la mort
d'Henry IV, par Louys Richeome, Iésuiste.*

Lyon, 1610, in-8.

*Considérations à la France, sur la consolation
enuoïée de Rome à la Royne, mère du Roy, Régente de France.*

S. L. N. D. in-8.

Réponse violente, article par article, à la pièce
précédente.

Vœux des Iésuites à l'esgard des Princes.

S. L. N. D. in-8.

Confession du bon Larron.

Paris, 1610, in-8.

Pièce rare, apologétique des Jésuites, qui se termine par cette citation : « *Celuy qui est Vicaire de sainct Pierre enseigne à manger Dieu et à tuer les Roys.* »

Le Tocsin au Roy, à la Royne-Régente, mère du Roy, aux Princes du sang... contre le Liure de la Puissance temporelle du Pape, mis n'agueres en lumière par le cardinal Bellarmin, Iésuiste; par la statue de Memnon.

Paris, O. de Varennes, 1610, pet. in-8.

Pièce violente et très-rare contre les Jésuites.

Arrest de la Cour du Parlement du 2 ianuier 1615, touschant la souueraineté du Roy au temporel et contre la pernicieuse doctrine d'attenter aux personnes sacrées des Roys.

Paris, F. Morel, P. Mettayer, 1615, 4 ff.

Le premier coup de la retraite contre le Tocsin sonné par la statue de Memnon.

Montpellier, 1611, in-8.

Grauis et Maximi momenti Deliberatio de compescendo perpetuo crudeli conatu Iesuitarum.

S. L. 1610, in-4.

Très-rare.

Lettre déclaratoire de la doctrine des Iésuistes, adressée à la Royne par le P. Coton, de la Compagnie de Iésus, prédicateur ordinaire de Sa Maiesté.

Paris, Chapelet, 1610, in-8 (privilége du 26 juin) de 30 p.

Pièce célèbre, insérée dans le *Mercure françois*, t. I, p. 848.

Aux bons François, ou Response à la Lettre déclaratoire (de l'abbé Jean du Bois).

S. L. N. D. in-12 (*Mercure françois*, t. XII, p. 498, 499).

L'Anti-Coton, ou Réfutation de la Lettre déclaratoire du P. Coton. Liure où il est prouué que les Iésuistes sont coulpables et aulteurs du parricide exécrable commis en la personne du Roy treschrestien Henry IVe, d'heureuse mémoire.

S. L. 1610, in-8 de 74 p.

Pièce célèbre attribuée d'abord à Pierre du Moulin, puis à Pierre du Coignet, et enfin avec plus de probabilité à César de Plaix, sr de l'Ormoye.

Réimp. en 1736, in-4 à 2 colonnes, ce pamphlet est joint à la *Vie de Don Inigo de Guipuscoa* (saint Ignace), avec une curieuse dissertation de Prosper Marchand.

Le Fléau d'Aristogiton, ou Response aux calomnies contre les PP. Iésuistes, auancées aans le liure

9

int. ANTI-COTON, par Louis de **Montgommery**; dédié à la Royne.

S. L. 1610, in-8.

Le Remerciement des Beurrières de Paris, au sieur de Courbouzon-Montgommery, auec la harangue de la Grosse Margot.

Nyort, 1610, in-8 de 26 p.

Satire violente en vers contre le livre précédent et son auteur. Le Pelletier et la demoiselle de Gournay, autres amis des Jésuites, n'y sont pas épargnés.

*Aduis de M⁰ Guillaume, nouuellement retourné de l'aultre monde, sur le suiet de l'*ANTI-COTON, *composé par Pierre du Coignet, iadis mort et depuis nagueres ressuscité.*

Paris, Rousselet, 1610, in-8 de 24 p., sans l'Epître dédicatoire.

*Réponse apologétique à l'*ANTI-COTON *et à ceux de sa suite, présentée à la Royne-Mère, Régente, où il est montré que les auteurs anonymes de ces libelles diffamatoires sont atteints des crimes d'hérésie, lèze-maiesté, perfidie, sacrilége et tres-énorme imposture,* par un Père de la Compagnie de Iésus (Bonald).

Au Pont, 1611, in-8.

Réponse aux libelles précédents, trad. en latin sous le titre suivant :

Responsio apologetica aduersus ANTI-COTONIS *crimi-*

*nationes ex gallico unius è Societate Iesu, latina
facta,* per Ioannem Perperatium.

Lugduni, Cardon, 1611, in-8.

*Response à l'*ANTI-COTON, *de poinct en poinct, pour la
défense de la doctrine et innocence des Iésuistes,*
par Adrian Behotte, archidiacre de Rouen.

Rouen, Osmond, 1611, in-8.

Réimp. à Lyon, Juillerot, 1611, in 8 de 127 p.,
sous ce titre : *Aultre Responce*, etc.

*Andr. Eudemon—Joannis Cydonii, apologia pro
Henrico Garneto et confutatio Anti-Cotonis.*

Coloniæ. 1610 et 1611, in-8.

*La véritable Response à l'*ANTI-COTON, sans falsifi-
cation de son texte.

S. L. 1611, in-8.

Questions proposées au Diable, par le P. Coton.

S. L. 1610, in-8 (Catal. Leber, t. III, p. 259).

Bongars avoue avoir fait imprimer ce pamphlet.

*Epistre escrite du temps de Philippe-le-Bel, contre
les usurpations de Boniface VIII, avec les questions proposées au Diable, par le P. Coton, pour
en auoir response.*

S. L. 1611, in-8.

Le Contr'-Assassin, ou Response à l'Apologie des

Iésuistes, par David Home. (Voy. le *Dict.* de Prosper Marchand, au mot : *Home.)*

S. L. N. D. (Paris, 1612), in-8 de 391 p.

Il se trouve des exemplaires dont le titre porte : *Genève, chez Esaïe le Preux,* 1612.

Examen catégorique du Libelle intitulé : ANTI-COTON, *où est corrigé le playdoyer de Pierre de la Martelière, et plusieurs calomniateurs des Iésuistes réfutez, et où sont défendus les droits de la Maiesté et personne des Roys,* par Louis Richeome, Iésuiste.

Bordeaux, Marcan, 1613, in-8.

Divisé en 73 chap.

Horoscopus Anti-Cotonis auctior et pene nouus, auct. Andrea Scioppio, Gasparis fratre, prima pars.—Secunda pars, in qua præter Anti-Cotonem et socios, Pasquelinus siue Lagenius, et Casaubonus tanguntur leuiter, eorumque mores et scripta castigantur.

Ingolstadii, 1616, in-4.

Diatribe d'une extrême violence contre les détracteurs des Jésuites.

Prosopopée de la Pyramide du Palais (en vers).

S. L. N. D. in-8.

Le Bouquet de fleurs d'espine (en vers).

S. L. 1610, in-8.

Le PATE-NOSTRE des *Iésuistes, Loyolistes, Maria-*
*nistes, Bellarministes; l'*AVE-MARIA *des Catholi-*
ques auec la suite; le CREDO *des Catholiques et*
celuy des Iésuistes; le CONFITEOR *des Catholi-*
ques. — *Salutation Angélique, ou Aduis dédié à*
la Royne-Régente. par les Françoys (en vers).

S. L. 1611, in-8.

Sur la ruine de la Pyramide de Chastel, disciple
des Iésuistes (en vers).

Paris, 1611, in-8.

Le Confiteor de Henry-le-Grand (en vers).

S. L. N. D. in-8.

Le Pater-Noster des Catholiques (en vers).

S. L. N. D. in-8.

Iésuistes établis et rétablis en France, et le fruit
qui en est arriué à la France.

S. L. 1611, in-8.

C'est la réimpression des pièces assez médiocres
dirigées contre les Jésuites, et annoncées sous les six
numéros précédents.

L'Anti-Iésuiste, ou Discours adressé au Roy
Louys XIIIe sur la mort de Henry-le-Grand.

Saumur, 1611, in-8, 77 p.

Réimp. en 1626 et 1630, in-8, sous le titre de :
Le Courrier Breton, ou Discours adressé au Roy
Louys XIII sur la mort de Henry le Grand ;

Enfin, dans le VIe tome des *Mémoires de Condé*, Londres (Paris), 1743, 6 vol. in-4.

Prosper Marchand, dans son *Dictionnaire*, t. II, p. 74, attribue ce célèbre libelle à Jean de Mont-lyard, ministre calviniste.

Articles du restablissement et rappel des Iésuistes en France, en 1606, auec l'arrest contre eulx du 23 décembre 1611.

Paris, Porcheron, 1611, in-8.

Epistola M. Arthusii de Cressonnieriis britonis Galli ad dom. de Parisius.

S. L. 1611, in-8.

Facétie satirique contre les Révérends Pères.

Le Tribun françoys, ou tres-humble Remonstrance faicte à la Royne par son peuple.

S. L. 1611, in-8.

« Être Iésuiste et bon François, sont deux qualités « incompatibles. » Ainsi se termine cette diatribe.

Aduis au Roy sur l'instruction de la Ieunesse.

S. L.N. D. in-8.

Le Passe-Temps de maistre Guillaume.

S. L. 1611, in-8.

Tropologie sur le retour des Iésuistes.

S. L. Paris, 1611, in 8.

Copie d'vne lettre escrite à Monseigneur Paulino, autresfois Dallaire sous le pontificat de Clément VIII, d'heureuse mémoire, trad. du latin en françois.

S. L. 1611.

Pièce rare et curieuse, signée A. D. W., et datée de Douay, le 21 septembre 1610.

La Doctrine de I.-C. et celle de Bellarmin.

S. L. 1611, in-8.

Discours (contre les Jésuites) *pour la seureté de la vie et de l'Estat des Roys.*

S. L. 1613, in-8.

L'assassinat du Roy, ou Maximes du Vieil de la Montagne Vaticane et de ses assassins, praticquée en la personne du defunt Henry-le-Grand (par David Home, Écossais habitant la France).

Paris, 1614, in-8, 106 p.

Avec Dédicace signée D. H., réimp. l'année suivante, même format, 82 p., et en 1617 ; cette pièce se trouve aussi dans le VIe vol. des *Mémoires de Condé.*

Mémoires pour servir à l'histoire des révolutions arrivées aux Jésuites du temps de Henry IV, avec une pièce en vers françois, intitulée : PASSE-PORT DES JÉSUITES, *et le Catalogue des auteurs qui ont écrit sur l'*ANTI-COTON.

Ces Mémoires se trouvent dans le *Recueil de litté-*

rature, philosophie et histoire, par Ch.-Estienne
Jordan, de Berlin. Amsterdam, L'Honoré, 1730,
in-12.

*Lettre sur la mort de Pierre Coton, Iésuiste, à
M. Cheneuoux, son frère,* par le Pelletier.

Paris, Martin, 1626, in-8.

> Année de la mort du Révérend Père.

5° PIÈCES DIVERSES.

Le Pourtraict royal de Henry-le-Grand.

Paris, 1610, in-8.

*Les Tiltres d'heur et de vertu de feu tres-chrestien
Henry IIIIe du nom.*

Paris, 1610, in-8.

Le Deuil de la France à la mort du grand Henry.

Lyon, 1610, in-8.

La Nauarre en deuil, par le sieur de l'Ostal.

Bordeaux, Rovier, 1610, in-12.

> Le nom de l'auteur est écrit *L'Hostal* à la fin de
> l'Épitre dédicatoire.

> Réimp. en 1611, Rouen, Petit, in-12

Regicidium detestatum, quæsitum, præcautum,
auctore Franc. Meinardo (1).

Augustoriti Pictonum, Mesnerii, 1610, in-8.

Pièce rare, injurieuse pour les Angoulesmois.

Apologia Victoris Tuartii pro Franco-Gallis, contra mendacia, imposturas et calumnias Joannis (2)
Meinardi, Frisii, in Academia Pictaviensi legu-
leii (seu apologia præsertim pro Ingolismensibus
occasione regicidii, auctore Dionysio Bultellerio).

Parisiis, Barth. Macæus, 1611, in-8.

Très-vive réponse au pamphlet de Ménard, faite
au nom des habitants d'Angoulême.

*Pauli Thomæ defensio Engolismensium, contra
calumnias Meinardi.*

Burdigalæ, Millanges, 1610, in-8.

L'Auant-Victorieux, contenant vn Eloge du Roy,
composé par le sieur de l'Ostal, seigneur de
Roquebonne, Vice-Chancelier du Roy de Nauarre, etc.

Orthès, Abr. Royer (Rouyer), 1610, in-8.

Frontispice servant de cadre à un portrait de
Henri IV, gravé par Léonard Gaultier.

---

(1) *Voy.,* sur François Ménard, la *Bibliothèque historique du
Poitou,* par Dreux du Radier, tome III, p. 265.

2, Bouteiller voulait dire *Francisci.*

Discours sur la vie et la mort de Henry-le-Grand,
par Guillaume du Peyrat, Aumosnier du Roy.

    Paris, Chevallier, 1610, in-8.

      2ᵉ Edition, *id.* 1611. in-8.

Censures de la Faculté de Théologie de Paris,
contre le parricide des Roys, trad. du latin.

    Paris, Blancvillain, 1610; in-8.

Discours pour la seureté de la vie et de l'Estat des
Roys.

    S. L. N. D. in-8.

Aduis à la France, par Edme Calon, aduocat au
Parlement de Dijon.

    Dijon, 1610, in-8.

Procès du Pape contre le Roy.

    S. L. 1610, in-8.

L'Enfer du plus meschant et detestable parricide
qui fut iamais, par Iean d'Intras.

    Bordeaux, 1610, in-8.

Discours consolatif sur la mort de Henry IIIIᵉ.
par Claude du Verdier.

    Paris, 1610, in-8.

      Titre gravé et beau portrait de Marie de Médicis,
par L. Gaultier,

      C'est le fils d'Antoine du Verdier, l'auteur de la
Satyre des Omonymes et des *Diuerses Leçons.*

Parallèle de César et de Henry IV, par Ant. de Bandole, auec les Commentaires de César, et les Annotations de Blaise de Vigenere, de nouueau illustrez de Maximes politiques, par ledict de Bandole,

    Paris, S. D. Jean Richer, in-4.

La Prophétie de ce grand Bombast, fidellement annoncée par le Trompette François, de l'année 1609, sur la mort de Henry-le-Grand, et sur le règne de Louys troisiesme (*sic*).

    S. L. 1610, pet. in-8. Fig.

> Pièce rare, omise dans le P. Lelong. Il avait effectivement paru l'année précédente, sous le nom de *Trompette François* ou le *Fidèle François*, un écrit énigmatique et anonyme sur les projets de Henri IV contre l'Espagne ; énigme que l'on ne manqua pas d'interpréter après l'événement.

De l'inuiolable et sacrée personne des Roys, contre tous assassins et parricides qui osent attenter sur Leurs Maiestés. par P. Pelletier.

    Paris, 1610, in-8.

Apologia senatus ciuitatis Coloniæ Agrippinæ, aduersus calumnias anonymi scriptoris Gallici, qui cædem Henrici IV in eadem ciuitate publice laudatam in annalibus suis commemorat

    Coloniæ Agrippinæ, 1611, in-4.

Les tombeaux de Henry-le-Grand, de César et

d'Alexandre (par Clovis Hesteau, sieur de Ruy-
sement).

Paris, S. D. in-8.

*Le zèle de la Royne et la piété des François, sur le
boul de l'an du Roy Henry-le-Grand.*

Paris, Ramier, 1611, in-8.

*La Plante humaine sur le trespas du Roy Henry-
le-Grand, à la Royne-Mère du Roy Louys XIIIe,*
par Louys d'Orléans (mort en 1619).

Paris, 1612, in-8.

Réimp. à Lyon, 1622, in-12, sous le même titre;
et à Lyon, 1632, in-8, sous ce titre : *La Plante
humaine sur le trespas d'Henry-le-Grand, où il se
traite du rapport des hommes auec les plantes, qui
uiuent et meurent de mesme façon, auec vne réfutation de ce qu'a escrit Turquet contre la régence de la
Royne, etc.*

*Tabulæ historicæ ac triumphales et ferales Hen-
rici IIII, Galliarum Regis, auctore Petro Cor-
nuto, in suprema Delphinatus Curia senatore.*

Lugduni, Cardon, 1615, in-fol.

Ces Tables historiques furent aussi imprimées en
1615, chez le même libraire, in-4 de 88 p.

*Discours sur le mauldict et execrable attentat en-
trepris de nouueau, tant sur la personne du Roy
que sur son Estat.*

Poitiers, J. de Marnef, S. D. in-8.

Obseruations mathématiques du nombre de qua-
torze, tant sur la naissance, mort et principales
actions de Henry-le-Grand, par Estienne Deselles,
escriuain podographe, demeurant à Auxerre.

    Paris, 1611, pet. in-8.

De protrahendo Henrici Magni luctu.

    Parisiis, 1611, in-8.

Oratio de producendis Henrici Magni lachrymis.

    Parisiis, 1611, in-8.

Voïage de M. Guillaume en l'aultre monde, vers
Henry-le-Grand.

    Paris, 1612, in-12.

Exclamation sur le parricide déplorable de l'année
mil six cent dix, escrit la mesme année, par
Marie de Iars, demoyselle de Gournay.

Adieu de l'Ame du Roy à la Royne-Régente, Marie
de Médicis, escrit en 1610.

Prière pour l'Ame du mesme Roy, escrite soudain
après sa mort.

    Ces trois pièces sont imprimées dans le recueil
des œuvres de cette célèbre amie de Michel de Mon-
taigne, publiées pour la premièrs fois, à Paris, chez
J. Libert, 1626, in-8, sous ce titre : *L'Ombre de*
la demoiselle de Gournay ; et réimp. en 1634 et
1641, in-4, chez Toussaint et Jean du Bray, sous
celui-ci : *Les Aduis ou les Présents de la demoiselle*
de Gournay.

Regrets funèbres sur la mort de Henry IIII, auec le couronnement de Louis XIII et les magnificences de son mariage.

Rouen, 1617, in-8.

———

Nous croyons devoir joindre à cette liste quelques pièces satiriques publiées contre les principaux seigneurs de la cour, pendant la première année de la régence de Marie de Médicis.

Les Mânes d'Henry-le-Grand se complaignant à tous les Princes, Peuples et Potentats,

S. L. 1615.

Réimp. en 1616.

Pièce injurieuse contre la reine mère, le duc d'Espernon et les Jésuites.

La Chemise sanglante de Henry-le-Grand.

S. L. 1615, in-8, 13 p. 1/2.

Il existe une autre édition sous ce titre : *La sanglante Chemise*, etc., 15 p.

La rencontre de M. d'Espernon et de François Rauaillac à Angoulesme.

S. L. 1615 et 1616, in-8.

Libelle contre d'Espernon, dont on fait l'instigateur de Ravaillac, en lui donnant pour complice le R. P. Coton.

La rencontre de Henry-le-Grand au Roy, touschant le voyage d'Espagne.

S. L. 1615, in-8.

Pièce injurieuse contre beaucoup de seigneurs de la cour et particulièrement contre la reine mère.

Le Bon Nauarrois aux pieds du Roy.

S. L. 1615.

Pièce remarquable par l'énergie et la précision du style ; on y nomme le duc d'Espernon comme l'un des instigateurs du meurtre de Henri IV.

Extraict du manuscript trouué dans le cabinet du Duc d'Aumale.

S. L. 1616.

Libelle des plus rares contre les Jésuites et d'Espernon.

L'Hermaphrodite de ce temps.

S. L. N. D. in-8.

Discours du vrai Mathault, retourné du Purgatoire et du Paradis.

S. L. 1616.

Rare.

L'Apollon François auquel les gestes d'Henry IV sont succinctement escrits ; trad. du latin par Iean Roguenau.

Paris. 1616, in-8.

Complaintes du sang du Grand Henry, de tres-heureuse mémoire, et de tous les bons François exaucées.

S. L. 1617, in-8.

Pièce écrite à l'occasion de la mort du maréchal d'Ancre.

Le Testament et dernière Volonté du sieur Conchini Conchino, iadis prétendu mareschal de France. Plus, y est compris vn Discours de la rencontre dudict Conchino et de Rauaillac, en forme de dialogue.

Paris, 1617, in- 8.

FIN

TABLE

FIN DE LA TABLE.

Achevé d'imprimer pour la première fois
Chez A. Hérissey, à Evreux, pour A. Aubry, libraire à Paris,
le xv décembre M DCCC LVIII.

_____

XVᵉ VOLUME DE LA COLLECTION.

LE TRESOR
DES PIECES RARES OU INÉDITES

Publié par AUG. AUBRY, 16, rue Dauphine.

Cette collection, éditée avec le plus grand soin, format pet. in-8, papier vergé, se composera de 20 vol.; elle est imprimée avec des caractères neufs, des lettres ornées et des fleurons dans le style du XVIᵉ siècle, gravés et fondus exprès. *Chaque volume est soigneusement cartonné à l'anglaise, en percaline.*

LA
RVELLE MAL ASSORTIE
ou

Entretiens amoureux d'une dame éloquente avec un cavalier gascon plus beau de corps que d'esprit et qui a autant d'ignorance comme elle a de savoir ; par *Marguerite de Valois*, avec une introduction et des notes, par LUD. LALANNE.... 2 50

Cette pièce est certainement un des plus charmants morceaux de littérature galante que nous ait légués le XVIᵉ siècle.

MEMOIRE DV VOIAGE EN RVSSIE
Fait en 1586 par JEHAN SAUVAGE, Dieppois, suivi de l'expédition de DRAKE en Amérique à la même époque ; publiés pour la première fois d'après les manuscrits de la bibliothèque Impériale, par M. Louis LACOUR.................... 2 50

Papier de couleur ou papier vélin............. 5   »

DESCRIPTION
DE LA
VILLE DE PARIS
AU XVᵉ SIECLE
PAR GUILLEBERT DE METZ

Publiée pour la première fois d'après le manuscrit unique, et précédée d'une introduction, par M. LE ROUX DE LINCY. 8

Papier de Chine ou de couleur (quelques exempl.). 15   »

CHANTS
HISTORIQUES FRANÇAIS
DU TEMPS DE CHARLES VII ET DE LOUIS XI

Publiés, pour la première fois, d'après le manuscrit original, avec des notices et une introduction, par M. LE ROUX DE LINCY.

330 papier vergé...	6 »	12 papier de coul.	12 »
4 papier de Chine.	15 »	8 papier vélin...	12 »

OEUVRES INEDITES
DE
P DE RONSARD
GENTILHOMME VANDOSMOIS

Publiées par Prosper Blanchemain, de la société des Bibliophiles françois, ornées du portrait de Ronsard, de ses armoi-
ries et du fac-simile de sa signature, gravés sur bois.

*Un volume de 300 pages, imprimé avec luxe, petit in-8º, in-folio
et in-4º; il complète les éditions de Ronsard de 1586 à 1630.*

Format de la collection (justification des éditions de
Buon... 10 »
Papier de Chine (tiré à 4 exempl.)................. 20 »
Papier de couleur (tiré à 10 exempl.).............. 15 »
In-4º ou in-folio (tiré à 25 exemplaires)............ 20 »

LES
LOIX DE LA GALANTERIE
(1644)

Avec introduction et notes publiées par Lud. Lalanne. 2 50
   Papier de couleur ou papier vélin............. 5 »

Réimpression fidèle d'un petit opuscule tiré du même recueil que la *Ruelle
mal assortie.* Dans une très-courte préface l'éditeur M. Lud. Lalanne a établi
une comparaison entre ce livre et le *Traité de la vie élégante* de Balzac. Il a
de plus, dans quelques notes, démontré que le type du *Galant*, préconisé par
l'auteur, est précisément le type du marquis ridiculisé par Molière, qui a fait
plus d'un emprunt aux *Loix de la Galanterie.*

CHARLES DU LIS

OPUSCULES HISTORIQUES
RELATIFS A
JEANNE DARC
DITE
LA PUCELLE D'ORLÉANS

Nouvelle édition, précédée d'une notice historique sur l'auteur,
accompagnée de diverses notes et développements, et de
deux tableaux généalogiques inédits avec blasons, par
M. Vallet de Viriville.

| 330 papier vergé... | 6 | | 8 papier de coul. | 10 » |
| 4 papier de Chine. | 12 | | 8 papier vélin... | 10 » |

LES VERS
DE M' HENRI BAUDE
POÈTE DU XV⁰ SIÈCLE

Recueillis et publiés par M. J. QUICHERAT, professeur à l'école impériale des Chartes.

Recueil des meilleures poésies d'un élève de Villon, ignoré jusqu'à ces derniers temps, et qui a eu, comme son maître, des démêlés avec la police, mais seulement pour avoir mis de la politique dans ses vers. L'éditeur a publié de nombreux documents qui attestent les infortunes de Baude, après en avoir tiré la substance d'une curieuse biographie.

330 papier vergé...	5 »	8 papier de coul.	10 »
4 papier de Chine.	12 »	8 papier vélin. .	10 »

LA
JOURNEE DES MADRIGAUX
(EXTRAIT DES MANUSCRITS DE CONRART)

Avec introduction et notes de M. E. COLOMBEY; suivie de *la Gazette de Tendre* (avec la carte de Tendre), et du *Carnaval des Prétieuses*;

330 papier vergé...	5 »	8 papier de coul.	10 »
4 papier de Chine.	12 »	8 papier vélin...	10 »

LES EGLISES
ET LES
MONASTERES DE PARIS

Pièces en prose et en vers des IX⁰, XIII⁰ et XIV⁰ siècles, publiées avec notes et préface d'après les manuscrits, par M. H. L. BORDIER, membre de la Société impériale des Antiquaires de France.

On trouve dans ce volume : 1° Une réimpression des MONSTIERS DE PARIS, poëme datant de 1292 et publié en 1808 par Méon ; 2° Eglises et Monastères de Paris en 1325, poëme inédit publié d'après un manuscrit de la Bibliothèque impériale ; 3° Un document inédit du IX⁰ siècle donnant l'inventaire des terres possédées à Paris par l'abbaye de Saint-Maur ; 4° Eglises et Monastères de Paris de 1325 à 1789; Etat actuel des Eglises des Monastères de Paris.

330 papier vergé...	5 »	8 papiers de coul.	10
4 papier de Chine.	12	8 papier vélin...	10

PHILOBIBLION

TRAITÉ SUR L'AMOUR DES LIVRES

PAR
RICHARD DE BURY
Grand-Chancelier d'Angleterre.

Traduit pour la première fois en français ; précédé d'une introduction et suivi du texte latin revu sur les anciennes éditions
et les manuscrits de la Bibliothèque impériale, par HIPPOLYTE
COCHERIS, membre de la Société des Antiquaires de France.

Un fort volume d'environ 350 pages.

476 papier vergé...	12 »	12 papier de coul..	20 »
4 papier de Chine.	25 »	6 papier vélin...	20 »

CHANSONS ET SALUTS D'AMOUR
DE

GUILLAUME DE FERRIERES

Dit le *Vidame de Chartres*, poëte du XIIIe siècle,

La plupart inédits et réunis pour la première fois avec les
variantes de tous les manuscrits, précédés d'une notice sur
l'auteur, par M. L. LACOUR..................... 3 »

Pour paraître prochainement :

LE LIVRE DE LA CHASSE

DE HENRY SÉNÉCHAL DE NORMANDIE

Et les dits du *bon chien Souillard*, qui fut au roy Louis XIe de ce nom ;
Annoté par M. le baron J. PICHON, président de la Société des
Bibliophiles françois.

LA VIEILLE

Poëme érotique composé au XIVe siècle, par Jehan Lefebvre
sur un poëme latin *de Vetula*, précédé d'une Notice historique et critique sur ce poëme, attribué à Ovide pendant le
moyen âge et restitué à Richard de Fournival, poëte picard
du XIIIe siècle, par HIPPOLYTE COCHERIS.

*Les 6 autres volumes sont en préparation et paraîtront
successivement.*

Paris. — Imprimé chez Bonaventure et Ducessois, 55, quai des Augustins.

CPSIA information can be obtained
at www.ICGtesting.com
Printed in the USA
BVHW041546200421
605394BV00002B/188